Maria Anna Groß

Verliebt sein in DAS...

...bis der Liebende im Nichts ertrinkt

spirit RAINBOW Verlag

Maria Anna Groß

Verliebt sein in DAS...

...bis der Liebende im Nichts ertrinkt

Impressum

ISBN-10: 3-940700-56-8
ISBN-13: 978-3-940700-56-8

Erstausgabe 2013

Herstellung: Druck- & Verlagshaus Mainz GmbH, Aachen

spirit RAINBOW Verlag

spirit Rainbow Verlag UG haftungsbeschränkt
Buchauslieferung & Autorenbetreuung

Süsterfeldstraße 83
52072 Aachen

E-Mail: info@srv-shop.de
www.srv-shop.de

Inhaltsverzeichnis

I. Einfach sein 10

Die brennende Sehnsucht 10
Zeitlose Gegenwärtigkeit 12
Niemand kann im Hier und Jetzt sein 14
Die Illusion des Verstandes 16
Grenzenloses glückliches Dasein 19
Von Stille berührt 22
Es gibt nichts zu tun 24
Die Leere 24
Leben ohne (m)*ich* 29

II. ES braucht nix – nur den Kick 33

Der ultimative Kick 33
Erschaffen wir die Welt durch unsere Gedanken? 35
Das laute Radio in mir 37
Das Auge Gottes 39
1 +1 = 1 40
Hoffnungsloser Fall 41
Das verborgene Glück in der Hoffnungslosigkeit 42
Das Nichts braucht nix 43
Ich will die Angst loswerden 44

III. Das Wunder des Seins 48

Das Wunder des Seins 48
Wie kann man Sein sein? 50
Selbst-Gespräche 50
Selbst-Berührungen 51
Selbst-Begegnungen 54

IV. Das endlose Labyrinth 56

Das Nichts soll alles sein? 56
Negative Energie transformieren 60
Ich bin noch nicht das absolute Sein 62
Eine kurze Diskussion von drei Teilnehmern 63

Das Labyrinth spiritueller Konzepte 66
Die Totalität des Seins 68
Einfach sein – an einem gewöhnlichen Abend 69
Das Leben ist wie es ist 71
Nur der Körper stirbt 73
Du bist nicht der Körper 74
Körperliche Phänomene 75
Wer ist es, der leidet 76
Du und die Welt – alles nur relativ 79

V. Verliebtes Dasein 82

Ausdehnung in die Unendlichkeit des Seins 82
Übergang von der Form in die Formlosigkeit 83
Widerstand – *Ich* widerstehe dem Leben 86
Verliebt sein in Das 88
Beziehungs-lose Liebe 91
Wie Beziehungen gewöhnlich funktionieren 92

VI. Das kleine Ich in der relativen Welt 94

Die Paradiesgeschichte mit dem freien Willen 94
Die relative Macht des Verstandes 97
Die Schöpfungsgeschichte 97
„*Ich*“ bin immer schuld 99
Wer handelt – *Ich* oder Gott 101
(M)*Ich* gibt es immer noch 109
Die Grenze sollte weg sein 110

VII. Was ist es, was ich bin? 114

Was ist es, was ich bin 114
Was ist es, was ich nicht bin? 117
Die grundlegende Verwechslung 118
Du entkommst der Liebe nicht 121

VIII. Jenseits von Freiheit und Erleuchtung 123

In den Meetings gibt es nichts zu holen 123
Der Lehrer verschwindet 126
Die Suche nach Befreiung und Erleuchtung 128

Der Mythos „Erleuchtung 129
Die Seifenblase platzt 130
Die absolute Erleichterung und Befreiung,
niemand zu sein 131
Unschuldiges Sein 131
Schein oder Sein 132
Erwachen und Erwach(s)en sein 133
Stilles Dasein 135
Das Wunder der Liebe 137
Angst statt Liebe oder Liebe statt Angst? 139
Mitgefühl 140
Zuhause sein 141
Absolute Freiheit 143
Kein Geheimnis und nichts Verborgenes mehr 145

Dieses Buch ist eine Hommage an die Liebe.

Es ist dem unschuldigen Sein gewidmet,
das viele Jahre verleugnet wurde.
Es ist jedem Lebewesen gewidmet,
das auf der Suche nach Liebe ist und
das der Ausdruck purer Liebe ist.

Die Liebe hat sich wiedergefunden,
und wird nie davon erfahren.

S u c h e n

Ich suchte DAS im Stein – doch ich sah nur Stein.
Ich suchte DAS im Grashalm – und ich sah nur Grashalm.
Ich suchte DAS in Gesprächen – doch ich hörte nur Worte.
Ich suchte DAS in besonderen Zuständen –
doch sie vergingen wieder.
Ich suchte DAS in Menschen – und ich sah nur Menschen.
Ich suchte DAS in Büchern – doch ich las nur Worte.
Ich suchte DAS in Berührungen – auch sie vergingen wieder.
Ich suchte DAS in der Stille – doch es war laut in mir.
Ich suchte die bedingungslose Liebe –
und fand nur bedingte Liebe.
Ich suchte DAS in Millionen von Bildern und Gedanken –
und sie lösten sich alle wieder auf.

Der Sucher entpuppte sich als Illusion.

S t a u n e n über das Wunder des Lebens breitete sich aus.

Ich sehe DAS als Stein.
Ich sehe DAS als Grashalm.
Ich höre DAS in jedem Wort.
Ich sehe DAS als die Natürlichkeit des Lebens.
Ich sehe DAS als Mensch.
Ich lese DAS in jedem Wort.
Ich bin berührt und unberührt.
Ich höre DAS in der Stille und im Lärm.
Da ist nur Liebe, egal wohin ich schaue.

M. A. Groß

I. Einfach sein

Die brennende Sehnsucht

Schon als Jugendliche war ich auf der Suche nach Freiheit und wollte wissen, wer ich bin. Ich fühlte mich gefangen in mir selbst. Mein Denken und Verhalten bestanden zum großen Teil aus Gewohnheit und Kontrolle. Ich war mir meiner Charakterstrukturen und Prägungen bewusst und trotz „persönlicher und spiritueller Entwicklung" nahm ich den begrenzten Spielraum wahr, der mir zur Verfügung stand. Die Gedanken drehten sich immer um (m)ich: wie kann ich ein besserer Mensch werden, spiritueller und freier? Wie kann ich mich und andere Menschen lieben? Was muss ich alles tun, um meine Ziele und Visionen zu erreichen und darin erfolgreich zu sein? Das Leben war scheinbar nie in Ordnung und ich selbst auch nicht. Es gab immer etwas, was noch erreicht werden sollte und was verändert werden müsste. Gedanken, Emotionen und Handlungen bezog ich laufend auf mich, so dass sie wie eine zweite Haut an mir hafteten. Ich wollte aus dem Rahmen ausbrechen, der mich einengte und mich zu einer gewissen Person machte.

In all den Jahren war eine schmerzhafte Sehnsucht mein ständiger Begleiter. Ich suchte nach der Liebe, die bedingungslos liebt, die nicht abhängig ist von persönlichen Fehlschlägen und Schwächen. Für die man keinen Deal eingehen muss, sondern die frei ist. Ich suchte nach einer Freiheit, die tatsächlich frei und nicht an Bedingungen geknüpft ist. Ich suchte nach dem allmächtigen und liebenden Gott. Ich suchte nach etwas Größerem und Weiterem, das über meine begrenzten Denk- und Handlungsmöglichkeiten hinausging. Ich suchte Antworten auf meine vielen Fragen nach dem Sinn des Lebens und letztendlich wollte ich nach Hause kommen zu mir selbst. Ich war getrieben von einer tiefen Unzufriedenheit über mich und das Leben. Es war für mich unvorstellbar, dass ich Frieden finden könnte in meiner momentanen Lebenssituation.

So führte mich die Suche in verschiedene Länder. Ich reiste an wunderschöne Orte, praktizierte Meditation und Yoga, erlebte Begegnungen mit spirituellen Menschen, war auf dem Himalaya und in Klöstern – und das alles gab mir nie das Gefühl, zufrieden und angekommen zu sein. Die Sehnsucht war wie eine offene Wunde, die in meiner Brust brannte und schmerzte und nicht heilen wollte. Nichts konnte mich wirklich befriedigen.

Weiterbildungen in Psychologie und Selbsterfahrungsprozesse erweiterten zwar meinen geistigen Horizont und gaben mir die Möglichkeit, die Menschen und mich besser zu verstehen. Aber sie änderten nichts an der Tatsache, dass ich unzufrieden war und mich im Kreis drehte. Ich drehte mich immer um mich selbst. Irgendwann begann die Suche nach Erleuchtung. Für mich unterschied sie sich zu der bisherigen Suche insofern, dass ich in ihr etwas ganz Besonderes und Heiliges, für uns gewöhnliche Menschen fast Unerreichbares sah. Mit der Zeit kristallisierte sich immer deutlicher heraus, dass es auf dieser großen „Spielwiese des Suchens" kein Finden gibt. Egal, ob es bei der Suche um Liebe geht, um Spiritualität, Selbsterfahrung oder Erleuchtung. Tausend Techniken und Methoden wurden angeboten und verfolgten wunderbare Ziele, die mich allmählich an ein Labyrinth erinnerten. Immer wieder stieß ich an Grenzen. Ich nahm die persönliche Begrenzung wahr und allmählich begriff Ich: Solange ich „mich" als Mittelpunkt sehe und alles, was auf mich einströmt, in Beziehung zu mir bringe, bin ich in diesem Beziehungsspiel gefangen. Es finden zwar Veränderungen und Entwicklungen statt, aber sie bleiben immer in einem gewissen Rahmen, der ich-bezogen ist. Von mir aus betrachte ich das Leben und blicke zu Gott, der entfernt von mir zu sein scheint. Diese Erkenntnis war zunächst schmerzhaft – könnte ich doch meine spirituelle Beschäftigung, die derzeitig mein Lebensinhalt war, verlieren. Ich fühlte mich von Gott und dem Leben verraten und verlassen. Die schön klingenden Worte und Versprechungen der Lehrer und Gurus wurden zu leeren Floskeln. Es fand ein radikaler Transformationsprozess statt, der keinen Stein mehr auf dem anderen ließ. Kein Gedanke konnte mehr als Wahrheit bestehen bleiben.

Die Wunde der Sehnsucht brannte und schmerzte in mir und ließ mich keine Sekunde mehr zur Ruhe kommen, nicht einmal nachts.

Zu dieser Zeit hätte ich alles getan und gegeben, um frei zu sein und endlich Frieden zu finden.

Zeitlose Gegenwärtigkeit

Auszug aus einem Meeting in Lindau 2010

A: Es gibt nur Gegenwärtigkeit. Ein anderes Wort dafür ist BewusstSein, Das, Es, Gott, das Eine. Gegenwärtigkeit ist das, was hier und jetzt ist – ganz und gar. Sie ist die präsente Anwesenheit des Lebens, so still und selbstverständlich, dass sie meistens übersehen wird. Stattdessen suchen wir nach außergewöhnlichen Zuständen und nach abgehobenen spirituellen Erfahrungen. Für den Verstand ist der gegenwärtige Moment uninteressant und vor allem unspektakulär, weil da nichts ist. Das Nichts ist jedoch ein Wunder, das sich immer und überall offenbart, in der Natürlichkeit des Lebens.

Gegenwärtigkeit ist der leere Urgrund,
dem alles zugrunde liegt – der sich erfüllt als das, was ist.

Sie ist der Lidschlag deiner Augen, der Hauch deines Atems, sie ist die Worte, die gesprochen werden und sie ist das Zuhören. Sie ist Das, was niemals durch Worte zum Ausdruck gebracht werden kann und Das, was permanent in Resonanz geht mit dir. Sie ist der Raum, in dem wir uns hier befinden, sie ist die Bewegungen, die geschehen, und sie ist die Stille, die alles durchdringt. Sie ist das Verzweifeln, das Nichtverstehen, das Zittern und die Anspannung. Sie ist Freude, Lachen und Weinen. Sie ist der raumlose Raum, in dem die Welt erscheint, in dem selbst der verrückte Gedanke, du könntest das Eine nicht sein, auftauchen. Sie ist aber auch die vielen Milliarden Körper und die Idee, ein separates Individuum zu sein. Sie ist das Gewahrsein, das sich all dessen gewahr ist und sie ist das Wahrgenommene.

Zeitlose Gegenwärtigkeit ist Leben, Energie. Sie hat nichts mit Denken zu tun. Gedanken und Vorstellungen können nur in der Gegenwärtigkeit erscheinen, aber sie können niemals die Präsenz des Seins erfassen. Gegenwärtigkeit ist die Abwesenheit eines Wissenden. Das natürliche So-Sein erfordert kein Denken, kein Meditieren, keine Anstrengung, kein still-sein, kein Üben oder Trainieren – einfach nichts. Du bist Das bereits. Doch all diese Erscheinungen können im Spiel des Seins zum Ausdruck kommen, einfach so.

Lass dich vereinnahmen von der zeitlosen Gegenwärtigkeit, die einfach ist.

F: Ich spüre ein Vibrieren im ganzen Körper. Ich weiß, das war schon immer da. Es ist so eine Wachheit. Als hätte ich es immer zudecken müssen, damit es nicht gesehen wird, weil es so unkontrolliert ist. Als gäbe es jetzt keine Grenze mehr, nur Ausgänge aus allen Zellen. Es ist nicht mehr einzugrenzen.

F: Ich mache mir Gedanken, wie das Leben funktionieren soll, wenn es mich nicht mehr braucht.

A. Es gibt nur Sein. Es erfordert kein Denken, hier zu sitzen. Das Sitzen geschieht, trotz des Denkens und trotz der Einbildung, dass du es tust. Zur Toilette gehen, morgens aufstehen, etwas essen, den Arm bewegen – all das geschieht von selbst. Aber wir haben gelernt, dass wir die Verantwortlichen für unser Leben und dessen Abläufe sind.
Wie ist es, wenn wir atmen? Atmen wir willentlich? Denken wir ständig ans Atmen und sind wir uns immer bewusst, dass wir atmen? Nein. Auch wenn wir schreiben, sprechen oder sogar während des Schlafens atmet es einfach weiter. Das Atmen geschieht aus sich heraus. Doch weil wir glauben, dass wir der Körper sind, sagen wir „ich atme". Schon der neugeborene Säugling atmet, obwohl er nichts darüber weiß und es auch nicht gelernt hat. Atmen geschieht einfach.

F: Das sind einfache Dinge, die du aufgezählt hast, da weiß ich, dass sie funktionieren.

A: Wo funktioniert es nicht? Was kann das Sein nicht sein? Es gibt nur Sein und da ist niemand, der je etwas gemacht hat. Das ist alles nur Denken.

F: Ich kann das Denken nicht abstellen.

A: Die Gedanken tauchen in der Gegenwärtigkeit auf. Warum nicht? Das ist okay.

F: Für mich ist es sehr wichtig, dass ich alles wahrnehme und verstehe. Sonst bekomme ich Panik.

A: Hier ist die Einladung, einfach zu sein. Der Verstand kann diese Einfachheit nicht verstehen, glücklicherweise muss er das auch gar nicht.

F: Ich merke, da kommt so viel ins Wanken. Es läuft nicht mehr so, wie es bisher lief und wie ich es will. Eine wahnsinnige Unsicherheit ist da. Sachen passieren völlig unvorhersehbar. Ich weiß nicht, wie es weitergeht.

A: Du musst dieser Frage nicht nachgehen. Fragen tauchen auf. Unsicherheit und Panik tauchen auf, das ist alles. Hier ist eine Präsenz, die nicht eingeschränkt wird durch all das.

F: Plötzlich ist Herzrasen da und keine Luft kriegen. Das taucht auch einfach auf, oder?
Es ist, als wäre ich gerade am Ertrinken.

Niemand kann im Hier und Jetzt sein

F: Ich habe hier gelernt, dass ich nichts verstehen muss. Es ist eine wunderbare Entlastung, ich bin dann einfach nur da und es kommt etwas an oder nicht. Zuvor versuchte ich immer sehr bewusst zu sein und hatte ein differenziertes Bewusstsein.

A: Es gibt nur Bewusstsein, aber niemand, der ein Bewusstsein hat.

F: Ich habe oft den Eindruck, dass ich nicht ganz da bin, nicht gegenwärtig bin.

A: Du bist Gegenwärtigkeit.

F: Aber ich bekomme nicht immer mit, was ist.

A: Das was ist, ist trotzdem. Ob du dir dessen bewusst bist oder nicht.
Versucht einmal, euch bewusst zu sein, dass ihr hier seid. Seid euch bewusst, dass ihr sitzt, dass beispielsweise der Körper eine bestimmte Haltung einnimmt und dass euch warm oder kalt ist.

– nach einer kurzen Pause –

Seid ihr euch immer noch bewusst oder seid ihr für einen Moment unbewusst gewesen? Wenn wir jetzt trainieren würden, eine stundelang bewusst zu sein, immer hier im Moment zu sein, wie könnte sich das anfühlen?

F: Anstrengend und mühevoll.

A: Schaut noch genauer hin: Wer versucht, fortlaufend gegenwärtig und bewusst zu sein?

F: Ich.

A: Die „zeitlose Gegenwärtigkeit" oder der Spruch „im Hier und Jetzt sein" wird gerne missverstanden. Es wird so viel darüber gelehrt, wie man im Jetzt sein kann, wie man bewusster werden und das Bewusstsein erweitern kann. Es kann jedoch niemand im Hier und Jetzt sein, weil es keine Person gibt. Alles, was du über das Sein im Hier und Jetzt weißt und vielleicht auch geübt hast, basiert auf der Illusion, eine separate Person zu sein. Es ist anstrengend, so zu tun, als ob da jemand wäre, der etwas erreichen könnte. Du bist Das, was hier und jetzt ist. Du kannst nichts anderes sein, als das was ist. Wenn du aber

versuchst, als scheinbares Individuum im Jetzt zu sein, dann kannst du dir das nur vorstellen und wozu sollen diese Vorstellungen gut sein? Vorstellungen sind vor-gestellte Gedanken, deren du dir bewusst sein kannst. Du bist aber nicht die Gedanken, sondern du bist Das, in dem die Gedanken erscheinen. Im Hier und Jetzt zu sein ist deine Natur, dafür kannst du nichts tun und du kannst es auch nicht üben. Da ist niemand, der irgendwo hin gelangen könnte. Du bist schon immer die Gegenwärtigkeit – das was ist.
In der Gegenwärtigkeit taucht unter anderem das Ich-Empfinden auf und mit ihm der Anspruch, dass du dir bewusst sein solltest, dass du hier sitzt. Wie ihr gerade selbst herausgefunden habt, ist das mit einer gewissen Anstrengung und Konzentration verbunden. Wenn sich das Ich-Empfinden auflöst, ist klar, dass alles Bewusstsein ist. DIES ist absolutes Hiersein, eine Wachheit, die bis zum letzten Atemzug vorhanden ist. Sie ist deine Natur und kann deshalb von niemandem erlangt werden.

Die Illusion des Verstandes

Die meisten Menschen werden beherrscht und kontrolliert vom Denken. Der Verstand vermittelt uns das Gefühl, als wäre er das Oberhaupt und es läge an ihm, was aus unserem Leben wird. Doch das, was wir Verstand nennen, ist nichts Substantielles, nur aneinandergereihte Gedanken. Wenn es kein fortlaufendes Denken gibt, gibt es auch dich nicht.

Um ein besseres Verständnis zu ermöglichen, möchte ich das Denken in zwei Kategorien einteilen: zum einen der Verstand als denkender Geist, auch Ich-Denken genannt, und zum anderen der natürliche Geist. Der denkende Geist äußert sich beispielsweise durch ein fast ununterbrochenes Denken, das sich immer auf Vergangenes oder Zukünftiges bezieht. Das führt zu Grübeln und Sorgen. Es sind Gedanken, an die wir uns bereits gewohnt haben, weil sie sich permanent wiederholen und scheinbar Sicherheit geben. Im Gegensatz dazu ist der natürliche Geist dann aktiv, wenn wir unmittelbar eine Aufgabe erledigen müssen, mit Maschinen oder Geräten umgehen oder einen Text verstehen wollen. Wird der Verstand nicht gebraucht, kann er sich entspannen und in den Hintergrund treten. Bei den meisten Menschen ist permanentes, gewohntes Denken vorherrschend und wenn die Schlafpausen nicht wären, würden sie an ihm verrückt werden. Er verursacht Stress, Unruhe, Getriebenheit, Sorgen, Anspannung, Kontrolle und Angst.

Das Ich-Denken impliziert eine selbständige Person, die scheinbar die Fähigkeit besitzt, Gedanken und Vorstellungen in die Tat umzusetzen. Der Ich-Gedanke verwickelt sich in seinem eigenen Gedankenspiel und braucht kontinuierliche Bestätigung, um als Handelnder und Schöpfer glaubhaft bestehen zu können. Er wird als Tatsache angesehen, ohne dass er ernsthaft hinterfragt wird. Auf den Ich-Gedanken folgt eine riesige persönliche Geschichte, deren Besitzer und Verantwortlicher wir zu sein glauben. Du kannst niemals der Besitzer der Gedanken sein. Denk bitte jetzt nach: wenn du deine Gedanken beeinflussen und steuern könntest, wie würdest du von jetzt an denken wollen? Wolltest du wirklich immer so denken, wie du es scheinbar tust? Denke bitte weiter nach: wenn du die Macht hättest, deine Welt als Schöpfer zu kreieren, würdest du dich für Krankheit, Leid und Trennung entscheiden?

In Wirklichkeit ist es so, dass in der Gegenwärtigkeit spontan Gedanken auftauchen und sich darin wieder auflösen. Sie sind substanzlos und leer. Es gibt kein Ich, das eigene Gedanken denkt, denn das vermeintliche Ich ist selbst nur ein Gedankenkonstrukt.

Im folgenden Beispiel wird ersichtlich, wie Gedanken auf uns wirken können, wenn sie mit der Wirklichkeit verwechselt werden: Angenommen, ein Mann befindet im Moment in seiner Wohnung, sitzt gemütlich in einem Sessel und hat es warm. Er hat etwas gegessen und schaut nun zum Fenster hinaus und betrachtet den wolkenverhangenen Himmel. Im Augenblick ist eigentlich alles in Ordnung. Der Hunger ist gestillt, er sitzt und schaut aus dem Fenster. Dann denkt er an die Zukunft, an seine unsichere Arbeitssituation und fragt sich, wie es mit ihm weitergehen wird. Wie soll er sich entscheiden?

Eigentlich ist alles klar, er hat einen Job und ein sicheres Einkommen und ist angesehen. Doch nun denkt er darüber nach und versucht irgendwie die Kontrolle zu halten. Die Gedanken werden zu einem Strudel und vereinnahmen ihn vollständig. Er ist in seine Geschichte verwickelt und weiß nicht, wie es mit ihm weitergehen wird. Der Körper ist angespannt und er ist unruhig. Er glaubt, es sei an ihm, diese Situation positiv zu beeinflussen. Ich muss wichtige Entscheidungen treffen und ich darf keinen weiteren Fehler machen. Irgendwie scheint alles enger und unsicher zu werden. Er fühlt sich schuldig, existentiell bedroht, hat Angst und steht unter Druck.

Doch was geschieht wirklich in diesem Augenblick?
Ein Mann sitzt im Sessel in seiner Wohnung, ist gesättigt und schaut aus dem Fenster. Das ist alles.

In dem Moment, wo die Gedanken nicht mehr als Gedanken gesehen werden – die gegenwärtig auftauchen und die an sich unproblematisch sind – sondern zu einer Realität werden, sind wir gefangen in diesem Film. Das, was ist – nämlich sitzen, schauen, es warm haben – wird nicht mehr gesehen. Es tritt in den Hintergrund. Und die Gedanken, die leer und substanzlos sind, werden zu einer scheinbaren Realität.
Wenn gesehen wird, dass Gedanken tatsächlich nur Gedanken sind, braucht man sie auch nicht zu bekämpfen. Sie werden einfach als Gedanken registriert. Dann verliert der Verstand an Macht und Einfluss und das vermeintliche Ich wird „ent-trohnt". Natürlich ist da niemand, der Macht verliert, weil in Wirklichkeit kein Ich existiert, aber es kann so erfahren werden.

Jesus sagte: *„Wer sein Leben erhalten will, der wird es verlieren; wer aber sein Leben verliert um meinetwillen, der wird es finden."*

Das heißt, wenn wir an den gewohnten Gedanken und Geschichten festhalten, weil wir glauben, dass sie unser Leben sind, dann „verlieren" wir es. Unsere Geschichte – die nur aus Gedanken und Erinnerungen besteht und die wir fälschlicherweise mit dem Leben verwechseln – ist in jedem Moment vergänglich. Wenn wir sie aber letztlich als Illusion durchschauen, dann verlieren wir das, was wir bisher über uns glaubten und wussten. Mein Leben und meine Geschichte fallen einfach weg. Der Verstand verliert seine Machtposition und kann wieder seinen natürlichen entspannten Zustand einnehmen. Frieden und totale Lebendigkeit breiten sich unweigerlich aus. Das ist das Paradies, von dem Jesus sprach. Es ist bereits hier. Es braucht nichts, weil es erfülltes Dasein ist. Sein als Sitzen, Sein aus dem Fenster schauend, Sein essend und kauend, Sein als wolkenverhangener Himmel und Sein als Angestellter. Sein als Tisch und Stuhl und Luft, die wir atmen. Sein als Alles. Das alles ist durchdrungen von Stille und erfülltem Nichts.

Grenzenloses glückliches Dasein

A: Grenzenloses, glückliches Dasein schließt nichts aus und macht keine Kompromisse. In der absoluten Offenheit für alles und im Einverständnis mit dem Leben stellen sich unweigerlich Glück und Frieden ein. Das erfordert nichts und es erfordert alles. Du musst kein anderer Mensch werden, um dir das Glück zu verdienen. Du kannst an keinen besseren Ort gelangen, als hier, wo du gerade bist. HIER ist das totale Glück. Kannst du das merken? Wenn du es jetzt im Moment nicht erfahren kannst, dann nur deshalb, weil du den Gedanken glaubst, die dir sagen, dass es noch etwas braucht. Das hier kann es doch nicht sein! Das wäre ja viel zu einfach, zu banal und zu unspektakulär. Doch glücklich Sein ist dein natürlicher Zustand, dafür braucht es absolut nichts Zusätzliches. Der Augenblick ist es bereits.

F: Ich finde, das macht echt schwindlig, wenn du so sprichst.

A: Es ist ein Aufgehen und Ausdehnen in das, was ist. Vibrierende Lebendigkeit der Totalität des Seins.

F: Man hat schnell die Vorstellung, es sei nur ein super schöner Zustand. Da berührt einen nichts mehr und man steht über den Dingen.

A: Die Person kann nicht grundlos glücklich sein. Sie hat meistens etwas zu meckern und zu kritisieren und will den Ist-Zustand anders haben. Sie stellt sich einen unnatürlichen Zustand vor, immer keep smiling und guter Laune sein, alles läuft glatt und nach unseren Vorstellungen. Ich spreche aber vom direkten Leben, von deiner und von deiner Situation (zeigt auf verschiedene Teilnehmer), in der du dich gerade befindest. Da können durchaus Ärger und Begrenzung auftauchen.

F: Mir fiel auf, dass meine Wut an die Person gekoppelt war. Im Laufe des gestrigen Meetings wurde mir klar: wenn die Person nicht vorhanden ist, dann ist da einfach nur Ärger. Das hatte eine andere Qualität.

A: Es kann gesehen werden, dass alles, was auftaucht, seien es Emotionen, Gefühle, Gedanken, Geschichten, immer substanzlos ist und völlig leer. Sie gehören niemandem. Auch wenn sie körperlich erfahren werden und sich dadurch scheinbar bestätigen, ist da nichts.
Das Problem ist nicht die Gegebenheit wie in deinem Fall die Wut, sondern das, was du über sie weißt – und damit geht Widerstand einher. Vielleicht glaubst du, die Wut sollte nicht da sein... Doch Glücklichsein ist in Wirklichkeit ein unaufhaltsames Ja, die absolute Übereinstimmung mit dem Leben. Nur der Verstand sieht darin eine Herausforderung und bemüht sich, Glück zu erreichen. Das sind aber nur Gedanken und in Gedanken kannst du nicht wirklich glücklich sein. Es scheint unvorstellbar zu sein, dass du bereits im Glück badest, ungeachtet dessen, woher du kommst, wie die Gegebenheiten sind und welchen sozialen Status du hast. Glückliches Sein ist schon vor allem – und auch nach allem – da, und es schließt absolut alles mit ein. Sucht man aber nach dem Glück und der Freude, scheinen sie verschwunden zu sein.

F: Sobald du diese Worte sprichst, rebelliert der Verstand und glaubt das nicht. Als ich gelesen habe, „grenzenlos glücklich sein", habe ich mich gefragt, wie das geht. Dafür muss ich mich doch anstrengen und etwas auf die Füße stellen.

A: Ja, so funktioniert das Programm des Denkens.

Wie müsste dauerhaftes Glück und Frieden aussehen? Was hast du schon alles dafür getan und unternommen, und wie hat das funktioniert?
Das Ich-Denken präsentiert dir kontinuierlich neue Ideen darüber, was du brauchst und wie du sein solltest, damit du glücklich sein kannst:

- Wenn ich im Lotto gewinne, dann....
- wenn ich gesund bin, dann...
- wenn meine Mutter mich endlich sieht und wahrnimmt, dann...
- wenn mein Partner/meine Partnerin mich versteht und mehr Zeit für mich hat, dann...
- wenn die Kinder etwas aus ihrem Leben machen, dann...
- wenn ich meine Berufung gefunden habe, dann...
- wenn ich abgenommen habe, dann...
- wenn ich selbstbewusster wäre, dann...
- wenn der Körper wieder gesund ist und ich mich bewegen kann, dann...
- wenn ich intelligenter wäre, dann...
- wenn er oder sie mich lieben würde, dann...
- wenn ich freier bin, dann...
- wenn ich erst einmal erleuchtet bin, dann...

Kennst du diese Gedanken? Der Verstand lässt dich glauben, wenn das eintritt, was du dir erhoffst, wäre dein Glück perfekt. Weil das Ziel immer in der Zukunft ist, kannst du natürlich nicht *jetzt* glücklich sein, sondern erst, wenn du am Ziel bist. Die Zukunft existiert *jetzt* nur als Gedanke in deinem Kopf und die „Ziele in der Zukunft" sind nichts als ein trickreiches Spiel des Verstandes, der nicht zulässt, dass du hier bist. Denn HIER ist alles, hier bist du zu Hause. Nur hier kannst du glücklich und zufrieden sein – nie jedoch irgendwann in der Zukunft. Sicher hast du schon manche Ziele erreicht und Wünsche gingen in Erfüllung. Aber wie lange warst du dann glücklich und satt? Wie lange verweilst du im Frieden und in der Liebe, wenn du ein mystisches Erlebnis oder eine erleuchtende Erkenntnis hast?

Mir hat eine Klientin erzählt, wie krank sie war und dass ihr die Ärzte wenig Hoffnung auf Heilung machten. Ihr einziges Ziel war es, wieder gesund zu werden. Nach ein paar Jahren war sie tatsächlich geheilt. Doch das Glücksgefühl, auf das sie hingearbeitet hatte und nach dem sie sich jahrelang sehnte, blieb aus. Das irritierte sie komplett.
Hier wird deutlich, dass die Erfüllung eines Wunsches und die Heilung einer Krankheit nicht zutiefst und dauerhaft glücklich machen können.
Der Verstand lässt dich glauben, dein Glück sei abhängig von Dingen, Menschen und Gegebenheiten, von Zeit und Raum. Doch das unbedingte und dauerhafte Glück ist immer schon Hier. Du findest es in dem, was ist. Selbst wenn du krank bist, kannst du Freude empfinden und zufrieden sein und nicht erst dann, wenn du wieder gesund bist. Die absolute Hingabe an das, was ist, macht glücklich. Selbst Hoffnungslosigkeit ist Glück, wenn du annimmst, dass sie genau das ist, was ist. Es ist deine Natur, glücklich zu sein. Nicht erst, wenn du mehr Geld verdienst oder endlich deinen Traumjob gefunden hast, sondern in der Situation, in der du dich gerade befindest. Wenn sich ein absolutes Ja in dir ausbreitet zu dem was ist, dann bist du glücklich. Nur der Verstand sagt Nein zu dem, was ist. Du bist aber nicht der Verstand, du bist Das, in dem der Verstand erscheint. Und wen stört es, wenn er Nein sagt? Das bedingungslose Ja kann durch kein Nein und durch keinen Gedanken beeinträchtigt werden.

Grundlos glücklich sein ist jenseits jeder Vorstellung und Benennung, da löst sich jede Zuordnung von glücklich sein auf. Zurück bleibt grenzenloses glückliches Dasein – für niemanden.

Von Stille berührt

Meeting an einem Sonntagmorgen

– Es ist lange still –

A: Diese spürbare Stille, die hier herrscht, ist immer gegenwärtig. Sie braucht nichts. Sie ist absolut leer und gleichzeitig erfüllt

mit allem. Sie ist alles. So eine Sattheit. Und sie braucht nichts. Sein ist genug.
Die Suche verführt einen dazu, vermeintlich wegzugehen und nicht hier zu sein. Sie gibt einem das Gefühl, es gäbe irgendwo etwas Besseres. Aber es existiert nichts außerhalb von DEM. Du bist eingeladen, hineinzufallen in diesen Moment. Darin liegt die maßlose Sättigung.

F: Sie war für mich gerade kaum auszuhalten, diese Stille.

A: In der Stille kann sich weder ein Konzept, noch deine Ich-Geschichte halten, deshalb ist die Stille für den Verstand tödlich.

F: Je stiller es wird, um so mehr rebelliert es in mir.

A: In der Gegenwärtigkeit des Seins taucht Rebellion auf. Du musst nichts damit machen, es ist einfach das, was gerade ist. Der Verstand rebelliert, das ist alles.

F: Diese Stille ist immer noch kaum auszuhalten.

A: Und du sitzt immer noch hier. „Ich halte es nicht aus" sind nur Gedanken und Empfindungen, die im Moment erscheinen. Es passiert aber nichts. Der Verstand versucht ein Drama zu inszenieren. Er möchte vielleicht gehen und macht eine riesige Geschichte daraus. In Wirklichkeit sitzt du einfach hier und es passiert nichts. Du musst dich noch nicht einmal darum kümmern, was abläuft. Der Urgrund von all dem ist Nichts, Stille, Sein.

F: Deine Worte sind angekommen und ich fühle mich locker und frei. Nichts ist mehr da.

A: Möchte jemand aus dieser Stille sprechen?

F: Ich bin sprachlos. Die Stille und das Nichts finde ich auch immer wieder so bewegt. Jedes Wort, das gerade auftaucht, ist es schon. Es ist alles so durchdrungen von DEM. Als würde es versuchen, sich selbst zu beschreiben und ist es gleichzeitig schon. Dann ist tatsächlich alles DAS – so, wie du das auch immer sagst. Es geht nicht, DAS einzufangen, weil es schon da ist, bevor irgendetwas gesagt wird. Trotzdem taucht immer wieder etwas auf, das sich so anfühlt, als wäre es nicht DAS, aber das ist auch DAS.

Es gibt nichts zu tun

F: Ein Weiser würde wahrscheinlich den ganzen Tag still sitzen und meditieren. Er wäre immer im Hier und Jetzt.

A: Warum soll er nur meditieren und still sitzen?

F: Weil du sagst, es gibt nichts zu tun.

A: Man hat gerne die Vorstellung, dass ein Weiser oder Erleuchteter der Welt entrückt ist. Es ist möglich, dass ein Weiser zurückgezogen lebt und kaum mehr spricht. Es kann aber auch sein, dass er so normal und natürlich lebt wie du. Er geht zur Arbeit, verdient Geld, hat Kinder oder keine, ist verheiratet oder nicht... Er lebt, als wäre nichts geschehen.
Der Satz „es gibt nichts zu tun" sagt aus, dass es keine eigenständige Person gibt, die handelt. Zur Arbeit gehen, einkaufen, Gespräche führen oder was auch immer, das geschieht einfach und ist völlig unpersönlich. Es ist anstrengungslos, weil es keinen Handelnden gibt und das Nachdenken und Kümmern nicht stattfindet. Im Gegensatz zu einem Weisen glaubst du, dass *du* die Dinge tust. Der Weise aber weiß, er hat noch nie etwas getan.

Die Leere

F: Es ist unglaublich still. Ich glaubte, essen zu müssen, um etwas zuzustopfen und dieses Gefühl loszuwerden. Ich habe das auf diese Art und Weise noch nie wahrgenommen. Es ist so leer und tief, dass ich es gar nicht beschreiben kann. Niemals kann ich das mit Essen zustopfen. Parallel dazu taucht der Gedanke auf, dass es unangenehm ist und ich unbedingt etwas tun müsste. Diese klare Zuordnung ist so gewohnt.

A: Ist diese Leere wirklich im Körper oder hast du dir nur angewöhnt, sie dem Körper zuzuordnen?

F: Ganz sicher, weil sie damit an die Person gebunden ist. Das ist mir noch nie so klar geworden wie jetzt gerade.

A: Es gibt nur Leere und Stille. Der Verstand hat Panik vor dieser Leere und Stille, weil er in ihr ertrinkt und sich auflöst. Sie ist sein Tod. Nichts ist permanent hier, weil es die Quelle von allem ist. Alles ist durchdrungen von Stille und Nichts. Es ist eine Leere, die alles vereinnahmt und vor nichts halt macht. Sie ist überfließend und stets erfüllt in sich. So fein und zart, voller Lebendigkeit, dass ich sie Liebe nennen möchte.

Für den Verstand ist diese Leere unbegreiflich. Deshalb hat er sich eine Menge Wissen darüber angeeignet, was Nichts und Leere bedeuten: beispielsweise Langeweile, Bedrohung und Stillstand.

Ich weise jedoch auf deine Natur hin, die jenseits all dieser Worte und Vorstellungen ist. Wird der Augenblick in seiner Totalität erfahren, verschwindet derjenige, der Leere und Stille erfährt – dann bist du Leere und Stille. Du bist nichts und niemand – und bist gleichzeitig alles. Das sind Worte, die DAS niemals beschreiben können, und das ist das Schöne daran. Die stille Leere ist eine stetige Liebeserklärung an sich selbst. Wie könnte ich dir Liebe beschreiben? Sie ist das, was immer satt und erfüllt ist, deshalb braucht sie nichts, nimmt aber alles auf. Sie ist immer hier, jetzt und nochmals hier und wieder jetzt, unaufhörlich, unendlich, zeitlos. Sie kriegt nicht genug von sich selbst, deshalb begegnet sie sich immer selbst, direkt, in dem, was ist. Vorbehaltlos. Offene Arme, die sich nie verschließen, egal, wie die Dinge sind.

F: Was du gerade gesagt hast, ist so unendlich und weit. Klar, das kann unmöglich auf den Körper begrenzt sein. Hier ist eine Präsenz, so lebendig... und darin der Gedanke, sie weghaben zu wollen. Unglaublich, wie sich das total bedingt.

– Stille –

F: Man fühlt sich geborgen, so umarmt.

A: Mmmhh...

Egal wo du bist, egal was mit dir ist, ob du unterwegs bist, nie Zeit hast, ob du im Stress bist – wie auch immer, in jedem Moment wirst du von der Stille berührt. Kannst du sie hören? Spürst du sie? Sie ist permanent hier, auch wenn es in deinem Kopf oder um dich herum laut ist. Sie ist hier, unbeeinträchtigt von dem Schauspiel, das sich auf der Oberfläche deines Lebens abspielt. Sie kann durch nichts zerstört werden. Sie ist unberührt von all den Worten, die gesprochen werden, von all den Szenen, die ablaufen und die du so wichtig nimmst und mit der Wirklichkeit verwechselst.

Du bist NICHTS und nicht NICHTS!

Wenn es still und leer wird in dir, habe keine Angst. Es ist die sanfte süße Leere, die dich in ihre Arme schließt. Sie lässt dich nach Hause kommen – zu dir. Versuchst du nicht schon ein Leben lang, dieser Umarmung auszuweichen? Sie ist permanent hier.
Kannst du auch sehen, dass du dich schon ein Leben lang danach sehnst, in diese Umarmung hineinzufallen? Du möchtest in ihr ertrinken und dich ausbreiten und endlich...

Leben ohne (m)*ich*

A: Wir reden heute über das Thema „Leben ohne (m)ich". Leben ohne (m)ich ist so natürlich wie Tee trinken. Jeder Augenblick geschieht ohne ich.

F: Warum setze ich dann eins hin?

A: Weil der Ich-Gedanke auftaucht und möglicherweise an ihn geglaubt wird.
Wir haben gestern Abend darüber gesprochen, dass alles Gegenwärtigkeit oder Bewusstsein ist. Das Sein erscheint als Person, als Körper, als Formen und als die ganze Welt. Was auch immer geschieht, geschieht und was nicht geschieht, geschieht nicht. Du „tust" es nicht, es hat noch nie jemand etwas getan.

F: Ich habe das Gefühl, ich mache das.

A: „Ich tue das oder Ich bin das" sind nur Gedanken und Empfindungen.

F: Dann denke ich, hätte ich mich anders entschieden und hätte ich es anders gemacht, dann wäre es nicht so. Es ist wie ein Drehwurm. Je mehr ich grüble, um so weniger komme ich heraus. Ich fühle mich schuldig an all dem.

A: Das sind alles Gedanken, die in der Gegenwärtigkeit auftauchen und sich wieder auflösen.

Solange das Ich-Empfinden vorherrscht, beziehst du alles auf dich und glaubst, du seist der Handelnde. Und wenn das Getane nicht gut war, folgen unweigerlich Schuldgefühle und ein schlechtes Gewissen. Oder die Schuld wird auf jemand anderen projiziert, der dann schuld daran sein soll, wie du dich fühlst.

F: Früher habe ich es auf andere projiziert und jetzt nehme ich es wieder zu mir. Aber das ist auch anstrengend.

A: Das ist dasselbe. Es gibt keine „Anderen" und „Dich" gibt es auch nicht. Das Sein ist völlig lose, es bezieht sich auf kein bestimmtes Etwas.

F: Das kann ich jetzt gar nicht loslassen.

A: Du musst weder loslassen, noch verstehen, noch zustimmen. Es geht lediglich darum, dass diese Worte im Moment gesprochen werden und möglicherweise gehört werden oder auch nicht.

F: Ohne wenn und aber?

A: Auch mit wenn und aber.

Ein Säugling ist noch Ich-los. Wenn du ihm ins Gesicht schaust, ist es leer und doch voller Lebendigkeit. Du kannst ein Babygesicht stundenlang betrachten und wirst das Wunder, das dir so offen entgegenblickt, nicht begreifen können. Du findest in dem Baby noch keine Persönlichkeit. Der Säugling weiß nichts und ist nichts. Er ist so leer wie ein unbeschriebenes Blatt Papier. Irgendwann bewegen sich seine Fingerchen, er macht in die Windel und schreit oder lacht. Wie kann das geschehen, wenn kein Ich vorhanden ist?
Da muss doch eine größere Kraft am Werk sein, die das Leben hervorbringt und bewegt! Später nimmt sich das Kind als eigenständiges Wesen wahr. Es sagt „ich" und zeigt dabei mit dem Finger auf sich. Das Ich-Empfinden, das an den Körper gekoppelt zu sein scheint, beginnt. Dann glauben wir, der Körper würde von einem Ich bewohnt, das alles steuert. Die Bewegungen geschehen aber völlig unpersönlich. Jede Bewegung und jede Nicht-Bewegung geschieht von selbst.

Als Individuum glauben wir,
Verantwortlicher und Handelnder des Lebens zu sein.

Mir fällt dazu ein Bild ein:
Das freie Sein, das Leben kann als Fluss gesehen werden. Er fließt mit unterschiedlichen Geschwindigkeiten in eine be-

stimmte Richtung. Einmal wird er zu einem Wasserfall und an einer anderen Stelle ist er still und seicht. Der Ich-Gedanke bringt uns dazu, das Leben in die Hand nehmen zu wollen. Bildlich gesprochen würden wir in den Fluss treten und mit den Händen oder mit einem Eimer versuchen, das Wasser zu bewegen, weil wir glauben, dass es nicht von selbst fließt. Wir glauben, uns um den Fluss und das Leben kümmern zu müssen. Wir denken voraus und versuchen, den Fluss zu kontrollieren und manche Bewegungen einzuschränken oder gar zu verhindern.

Halten wir dann einen Moment inne und hinterfragen den scheinbar Handelnden, könnte klar werden, dass der Fluss aus sich selbst heraus fließt. Er braucht weder eine Hand, die ihn bewegt, noch braucht er jemanden, der ihn lenkt. Wird dieses Prinzip zutiefst verstanden, gibt es keine Veranlassung mehr, in das natürliche Leben einzugreifen.

F: Man könnte ja auch beobachten, wie das alles abläuft. Aber wer ist dann der Beobachter? Ist er das Sein? Mir ist das nicht ganz klar. Der Beobachter und das Beobachtete sind ja eins.

A: Es gibt nur ein Sein, ein Bewusstsein, das sich seiner selbst gewahr ist. Manchmal aber wird das Beobachten von Suchenden eingesetzt, um sich auf eine unangenehme Situation nicht einlassen zu müssen. Du gehst in Beobachtung, d. h. du distanzierst dich auf gewisse Weise von dem, was ist. Ein gutes Beispiel ist die Hilflosigkeit. Du gehst in Beobachtung, um nicht mitzukriegen, wie es sich anfühlt, nichts tun zu können. Es ist jedoch so, dass Bezeugen oder Sehen von niemandem ausgeht, deshalb kann es auch von niemandem geübt werden. Wenn das Ich verschwindet, bleibt das, was ist: Anstrengungsloses, waches Hiersein, ohne Filter und ohne doppelten Boden.

F: Ich bin noch einmal bei diesem Baby, das du mit einem unbeschriebenen leeren Blatt verglichen hast. Mir ist klar: Sobald gesprochen wird, ist Trennung da.

A: Wenn wir Worte und Sprache benutzen, entstehen Konzepte. In dem Einen erscheint scheinbar etwas Zweites. Dann bist du hier und dort ist das Sein. Es wird zu einem Objekt, auf das du schaust. Worte können das Absolute weder ausdrücken noch irgendwie erreichen. Das Absolute ist vor, in und jenseits aller Erscheinungen und der Welt. Ich müsste eigentlich den Mund halten.

Das Schöne aber ist, dass das Sein auch Sprechen ist. Das Sein spiegelt sich in allem wider, in jedem Wort, jedem Gedanken und als jede Emotion. Deshalb können wir miteinander sprechen. Es sind Selbst-Gespräche, von Sein zu Sein. Das Sein unterhält sich immer mit sich selbst. Wenn der Denker wegfällt, ist das Wunder des Seins so offensichtlich, dass es keine Frage und kein Verstehen mehr braucht.

II. ES braucht nix – nur den Kick

Der ultimative Kick

Viele Jahre hatte ich den Wunsch, eins zu sein mit Andreas. Mir war das nicht immer bewusst, aber mein Verhalten zielte darauf ab, ihm so nahe wie möglich zu sein. Wir hatten immer wieder Konflikte, weil ich etwas von ihm wollte, was er mir nicht geben konnte. Erst viel später wurde mir bewusst, dass ich eine tiefe Nähe suchte, in der nichts zwischen dem Ich und dem Du ist. Kein Ich mehr und kein Du mehr. Ich suchte zwar das Einssein, aber ich suchte es als Ich im Du.

Was passiert eigentlich, wenn zwei Menschen beispielsweise in der Sexualität miteinander verschmelzen? Für einen Augenblick schaltet das Denken ab und Ich und Du lösen sich auf. Das ist lebendiges Dasein, pure Energie, reine Vibration. DU bist nicht mehr – und in dir bricht eine unglaubliche Welle von Freiheit und Freude aus. Keine Begrenzung, keine Gedanken, einfach nichts. Nur grenzenloses Dasein. Nachher kommt das Denken wieder zurück, du nimmst dich wieder als begrenzte Person wahr und deinen Partner oder deine Partnerin als Gegenüber. Die Sehnsucht nach diesem freien Einssein startet von Neuem und immer wieder von Neuem. Kurze Momente der Auflösung können wir auch in Extremsituationen erleben, beispielsweise beim Bungee-Jumping, beim Fallschirmspringen oder bei anderen sportlichen Aktivitäten, bei denen wir an unsere körperlichen Grenzen stoßen und wo das Ich für einen Moment verschwindet. Auch Drogen können solche Zustände erzeugen. Alle diese Situationen schenken uns für einen Moment einen Kick, in dem das gewohnte Denken ausbleibt und wir uns in der Stille des Seins auflösen. Da ist niemand mehr, der springt, niemand mehr, der eine beinah unmenschliche Leistung vollbringt, niemand, der leidet oder etwas sucht und deshalb eine Droge nimmt. Die Sehnsucht ist verschwunden. Alle Begrenzungen sind verschwunden. Es gibt keine Gedanken und Probleme mehr, wir sind uns und unsere Geschichte für einen Augenblick los. Der Freie Fall in DAS hinein. Diese Momente machen süchtig.

Sie sind prickelnd und immer neu. Wir lieben sie, weil sie unser Wissen übersteigen. Sie übersteigen uns selbst. Sie sind nicht kontrollierbar. Und dann wollen wir sie wieder erleben, weil sie uns einen Geschmack unserer freien Natürlichkeit vermitteln. Wir sind für kurze Zeit befreit von uns selbst. Die Zustände bieten uns aber nur einen Geschmack von Freiheit, weil wir am Ende wieder zu der gewohnten Ich-Begrenzung zurückkehren. Sie haben einen Anfang und ein Ende, und weil sie scheinbar uns widerfahren, beziehen wir sie auf uns und sehen darin die Besonderheit.

Diese Glücksmomente möchten wir immer wieder aufs Neue erleben. Wenn sie sich einstellen, sind wir für kurze Zeit glücklich, wenn nicht, leiden wir an ihrem Ausbleiben. Dies alles sind Phänomene, die in der Unendlichkeit des Seins auftauchen und wieder abtauchen. Sie sind nicht von Dauer.

In Wirklichkeit sehnen wir uns nach dem ultimativen Kick, in dem wir uns endgültig in der unendlichen Weite auflösen. So wie du dir nichts sehnlichster wünschst, als aufzugehen in der Gegenwärtigkeit, eins zu sein mit allem, nichts und niemand zu sein, so drängt es dich auch, bestehen zu bleiben. Denn deine größte Angst ist, nicht mehr zu sein. Wer kann die Freiheit denn genießen, wenn du sie nicht mehr auf (d)ich beziehen kannst?

Jeder Augenblick ist eine Liebesbeziehung,
die das Leben mit sich selbst eingeht,
die das Sein mit sich selbst eingeht,
die Gott mit sich selbst eingeht,
die du mit dir selbst eingehst.

Das Sein ist völlig schutzlos und nackt und bietet sich dir an. Genau so wie es ist. Direkt und unverblümt. Es geht keinen Schritt zurück, es vermeidet nichts, es ist sich für nichts zu schade. Es wartet nicht ab, ob du es verdient hast oder nicht, es verhandelt nicht mit dir. Es ist immer hier – so, wie es ist. Es grenzt weder aus, noch verurteilt es.

Bist du bereit, dich darauf einzulassen? Gerade hier und jetzt? Lässt du dein Wissen zurück, deine Sicherheitszone fallen?

Lässt du die scheinbare Kontrolle los und fällst in das hinein, was ist? Hier und jetzt und wieder jetzt und wieder jetzt?

Oder hast du die Vorstellung, das Leben sollte anders sein? Das habe ich so nicht verdient? Gott hat mich schon wieder enttäuscht. Ich weiß besser, was ich brauche und was mir gut tut. Ich mache mein eigenes Ding.

Erschaffen wir die Welt durch unsere Gedanken?

Auszug aus einem Meeting von 2009

F: Erschaffe ich mir alles selber durch meine Gedanken?

A: Es gibt niemanden, der etwas erschafft oder nicht erschafft. Das Ich, das du zu sein glaubst, ist nur gedacht. Weil du glaubst, dass du der Körper bist, glaubst du auch, dass die Gedanken deine sind. Es scheint, als könntest du wählen zwischen positiven und negativen Gedanken.
Zur persönlichen Geschichte gehört auch der Glaube, dass wir mit unseren Gedanken Glück, Gesundheit und Reichtum oder das Gegenteil anziehen. Wir gehen immer von einem Ich aus, das scheinbar das Leben lenkt. Es existiert aber kein Ich, deshalb gehören die Gedanken niemandem. Das Leben geschieht trotz Denken. Du kannst also nichts machen und du musst nichts machen.

F: Doch was man denkt, das wird auch real.

A: Das hast du irgendwo gelesen und gehört. In der Gegenwärtigkeit tauchen beispielsweise Gedanken auf. Im Moment taucht der Gedanke auf, dass das real wird, was man denkt. Im nächsten Augenblick ist der Gedanke schon wieder weg. In der Gegenwärtigkeit erscheint was auch immer, aber da ist niemand, der das tut.

F: Aber wenn ich denke, ich komme zum Meeting, dann mache ich das auch.

A: In dem Spiel des Seins hat es den Anschein, als wären wir Individuen, die denken und erschaffen, was sie denken. Prüfe einmal nach, ob das bisher immer so eingetroffen ist. Ich habe hier schon Teilnehmer gehört, die nicht zum Meeting kommen wollten und sie waren trotzdem da. Es gibt nur Sein, das sich unmittelbar und spontan ausdrückt. Da ist niemand, der das steuert.

F: Wenn das Gefühl mit den Gedanken übereinstimmt, dann stimmt es und geht in Erfüllung.

A: Dies ist ein weiteres Konzept, das manchmal zutrifft und manchmal nicht. Wenn es sich erfüllt, dann nur, weil das Sein sich in diesem Moment so ausdrückt. Wenn sich die Gedanken nicht erfüllen, dann auch nur deshalb, weil sich das Sein auf andere Art zeigt. Da ist niemand, der das beeinflussen kann. Wir sprechen hier über das absolute Sein. Dies lässt sich mit keiner Methode erklären. Alles, was du je gelernt und gelesen und dir als Konzept oder Übung angeeignet hast, kannst du verwerfen oder auch nicht. Es geschieht, was geschieht.

Das Leben ist total easy, weil immer das ist, was ist. Da ist Freude, es wird Angst erlebt, hier wird Tee getrunken und dort wird zur Arbeit gegangen.

F: Können wir das üben?

A: Das wäre zu viel verlangt. Du bist Das bereits. Du sitzt jetzt im Moment, was willst du mehr? Nachher bewegst du dich vielleicht oder gehst nach draußen. Das ist alles der direkte Ausdruck von Sein. Mehr geht einfach nicht.

Das laute Radio in mir

Im September 2003 hatte ich einen Traum, in dem es um den Verstand ging. Ich glaubte, dass das fortlaufende Denken das Bewusstsein einschränken könnte. Wenn das Bewusstsein sich ausdehnt, würde es meinen Kopf sprengen. Weil mich dieses Thema sehr beschäftigte, sprach ich mit meiner Freundin darüber.

Ein ähnliches Erlebnis hatte ich als Kind, wenn ich mit der Unendlichkeit experimentierte. Es tauchte immer wieder die Frage auf, was sein würde, wenn wir sterben. Die katholische Kirche und meine Eltern erzählten mir, es gäbe ein ewiges Leben. Ich versuchte mir immer wieder das ewige Leben vorzustellen und geriet dabei an Grenzen. Manchmal musste ich dieses Experiment abbrechen, weil der Verstand drohte, verrückt zu werden. Wenn wir unsere Geschichte nicht wie gewohnt denken, gerät das scheinbare Ich in Panik, weil es ohne Denken nicht bestehen kann. Doch obwohl ich mir die Unendlichkeit nicht vorstellen konnte, wusste ich, dass es etwas gibt, was sich meinen Vorstellungen entzieht und über sie hinaus geht. Es war für mich selbstverständlich, dass, wenn der Körper stirbt, etwas bleibt. Aber was?

Bei diesen Experimenten mit der Unendlichkeit musste ich oft mit meinen Händen den Kopf zusammenhalten und sofort an etwas anderes denken, weil ich glaubte, dass es mich zerreisst oder ich verrückt werden könnte. Meine Freundin sagte mir damals: „Das ist eine Täuschung, es geht nichts kaputt, im Gegenteil.“ Ich hörte die Worte nur für einen Moment und dann kam mein Verstand nicht mehr mit. Ich konnte nicht mehr denken und verstand absolut nichts mehr. Ich hatte Angst, mir wurde schlecht und schwindelig.

Und plötzlich war der Kopf vollkommen leer und es war schlagartig still. Ich nahm eine Präsenz wahr, die grenzenlos war. Alles war von Schönheit und Liebe durchdrungen. Es war ein Ausbreiten von etwas, das nichts ist und doch so etwas Lebendiges und Stilles. Freies zeitloses Dasein. Es fühlte sich an, als hätte sich die feste Substanz, von der ich glaubte, dass ich sie bin, im Sein aufgelöst. Es war absolut still. Jemand hatte das laute „Radio“ in mir abgedreht. Zum allerersten Mal registrierte ich, wie laut das Denken in mir gewesen war und wie viel Raum es einnahm. Ich hatte mich so sehr daran gewöhnt, dass ich glaubte, es sei mein normaler Zustand. Erst durch diese Stille konnte ich den permanenten Lärm in meinem Kopf überhaupt erkennen. Es war unbeschreiblich. Da war nichts dazwischen, keine Gedanken, keine Zeit, nichts. Es wurde klar gesehen, dass es nichts zu tun gibt. Alles geschieht im gegenwärtigen Augenblick. Es gibt nur diesen endlosen Raum, in dem alles erscheint. Es war eine Art Loslösung von allem, vor allem von der Begrenzung, eine Person zu sein. Es herrschte allumfassender Friede, er grenzte nichts aus und er hatte nichts mit mir zu tun. Ich selbst war Friede.

Rein äußerlich ist nichts geschehen. Es war einfach nur still in mir. Alles war so natürlich, sehr lebendig und unmittelbar. Alles Denken an Vergangenes oder sich Sorgen um Zukünftiges war einfach verschwunden, obwohl das „zeitliche" Geschehen weiterlief.

Dieses Geschehen stellte mein ganzes bisheriges Weltbild auf den Kopf. Ich konnte sehen, was wirklich ist und was wir stattdessen für wirklich halten. Ich erschrak über unsere falschen Vorstellungen vom Leben und wie wir versuchen, es zu kontrollieren.
Nach ein paar Tagen verebbte diese wunderbare Erfahrung und ich war wieder verwickelt in „Ich und meine Geschichte". Immer wieder traten Schwindel und Kopfschmerzen auf und verschwanden dann wieder. Dieses Geschehen war eine Erfahrung, die scheinbar „mir" widerfuhr. Obwohl sie sich frei und ich-los angefühlt hat, hatte sie einen Anfang und deshalb auch ein Ende. Und obwohl es schien, als wäre ich nicht mehr da, hat auf subtile Weise doch „jemand" diese Erfahrung gemacht. Ich war danach natürlich enttäuscht und glaubte, dass ich etwas falsch gemacht hätte.

Freies Bewusstsein jedoch kommt nicht und geht nicht. Es ist immer hier, es ist nichts und doch ist es alles. In ihm erscheint die ganze Welt, auch besondere Erfahrungen und scheinbare Individuen. Das freie Sein kann nicht erreicht werden, weil es immer schon ist. Du bist es bereits und deshalb kann es nur den Anschein haben, als würde dir etwas fehlen und als könntest du einen besseren Zustand wie z. B. „Erleuchtung" oder „Freiheit" erreichen.

Im Nachhinein kann ich sagen, dass der Verstand tatsächlich mit einem lauten Radio oder Fernseher verglichen werden kann. Du kannst das Denken erst dann als Lärm wahrnehmen, wenn du das Gegenteil – die natürliche Stille – kennst. Die Stille ist deine Natur. Sie besteht immer, trotz Lärm und trotz der vielen Gedanken.

Mit der Stille kannst du jederzeit in Berührung kommen,
weil sie ununterbrochen hier ist.
Jede Nacht löscht sie dich aus und lässt dich nichts sein.

Das Auge Gottes

Das absolute Sein ist vergleichbar mit dem Auge Gottes, das sich selbst nicht erkennen kann. So ist es auch mit unseren Augen, sie können sich selbst nicht sehen. Sie haben nur die Möglichkeit, sich in einem Spiegel zu reflektieren. Was dann gesehen wird, ist das Spiegelbild. Das Spiegelbild hat keinen Einfluss auf seine Bewegungen, Formen, Farben und Ausdrucksmöglichkeiten. Es kann aus sich heraus nichts verändern, weil es eben nur eine Reflexion, eine Erscheinung ist. Es hängt total von der Ursubstanz, den Augen ab.

Das Sein findet Gefallen daran, sich als Welt, Natur, Tiere, als dich und mich und als über 7 Milliarden Menschen widerzuspiegeln. Wenn wir die Spiegelung betrachten, scheint sie tatsächlich etwas Eigenständiges und Individuelles zu sein. Erinnern wir uns an das Spiegelbild unserer Augen: Das Spiegelbild existiert nur, weil die ursprünglichen Augen da sind. Sind diese nicht vorhanden, bleibt die Projektionsfläche leer. Die Welt ist nur da, weil das absolute Sein sich als relative Welt reflektiert. Ohne die Ursubstanz kann die Welt nicht existieren. Deshalb kann das Spiegelbild aus sich heraus keine Bewegungen machen, es kann sich nicht verändern. Alles hängt vom Ursprünglichen, dem Sein ab.

Es ist so offensichtlich, dass es niemanden gibt, der einen Einfluss auf das Leben ausüben könnte. Denn das Spiegelbild, das wir als unser Leben betrachten, ist einfach nur eine Erscheinung, ein Abbild des göttlichen Auges. Es ist aber auch das Sein, weil nichts anderes existiert als Sein.

Stille, leere Ursubstanz,
die sich erfährt und feiert als Alles.
Es ist ein Tanz der Liebe, der nie aufhört.
Er dreht sich immer um sich selbst.

Dies zu sehen, hinterlässt eine unglaubliche Erfüllung und Zufriedenheit. Wer kann dieses Wunder je erfassen? Es bleibt Staunen.

1 + 1 = 1

Wir haben die mathematische Formel gelernt, dass 1 + 1 = 2 ergibt. Addieren wir also Substanzen zusammen, nimmt deren Menge und Anzahl zu. Wenn jedoch Gott uns Menschen, die Tiere, die Natur und alle Lebewesen mit sich zusammenzieht, ist das Ergebnis EINS. Er blickt auf uns und sieht immer sich selbst. Gott und du ist eins. Ich und du ist eins. Jesus sagte: *Ich und der Vater sind eins*.

Wie schon oben erwähnt, kann sich das Absolute seiner selbst nicht gewahr sein. Es ist stilles Nichts, reine Energie. Die erste Regung erzeugt Gewahrsein, das auf sich selbst gerichtet ist. Reines ICH. Es ist ein Gefühl von Sein, das sich der Existenz gewahr ist. Dies scheint die erste scheinbare Trennung zu sein, aber immer noch ohne Form und ohne Namen. Sein ist noch eins, aber eine leichte Bewegung hat stattgefunden. Daraus entsteht das Ich-Bin-Bewusstsein. Das Bewusstsein ist sich seiner selbst bewusst. Es ist Einheit. Und nun scheint es Gefallen daran zu finden, sich seiner selbst als Etwas und als Jemand bewusst zu sein. Hierfür braucht es eine Form, beispielsweise einen Körper. Das Bewusstsein kontrahiert sich und nimmt sich schließlich als Person wahr. Es verliebt sich in dieses individuelle Spiel, weil es unzählig viele Ausdrucksmöglichkeiten hat: Als Ding, als Körper, als Person, als Frau oder Mann. Das identifizierte Sein wird zum „persönlichen Bewusstsein", das glaubt, der Körper, der dazugehörige Name und die da-

zugehörige Geschichte zu sein. Die Einheit hat sich scheinbar in Zweiheit und in Viele aufgespalten.
Schauen wir jedoch genauer hin, kann nicht geleugnet werden, dass es sich immer um die eine Energie handelt. Sie ist still und leer, völlig ausgedehnt und gleichzeitig kontrahiert als Person und Materie. Die Ursubstanz ist das EINE. Wird dies gesehen, kann sich die Illusion der Trennung nicht mehr halten. Die eine Ursubstanz reflektiert sich als Natur, als Universum, nimmt alle Variationen, Formen und Körper an, bleibt aber immer DAS. Deshalb gibt es kein Zweites, nichts von der Einheit Getrenntes und nichts außerhalb. Das ist die Aussage von Advaita oder Nicht-Dualität.

Hoffnungsloser Fall

F: Ich habe in letzter Zeit öfters ans Sterben gedacht und einen seelischen Schmerz gespürt. Es kommen auch so viele alte Sachen hoch und ich glaubte, das ist alles schon vorbei.

A: Das alles will von dir geküsst werden. Gedanken oder Gefühle tauchen in der Gegenwärtigkeit auf. Das ist alles.

F: Es ist nicht angenehm, was hochkommt. Manchmal macht es mir auch Angst und ich fühle mich fast depressiv.

A: Depressiv sein kann nur die scheinbare Person, die keinen Sinn mehr in ihrem Dasein und ihrem Tun findet und aus diesem Grund nicht mehr leben möchte. Welch wunderbare Gelegenheit – denn in der Hoffnungslosigkeit zeigt sich unverblümt die Wahrheit, dass wir nichts in der Hand haben. Wir können direkt mit der Schönheit des Seins in Berührung kommen – so, wie der Augenblick ist.

In der Hoffnungslosigkeit sieht der Verstand keinen Ausweg mehr. Man kann sich nicht mehr ablenken und mit positiven Weisheiten über Wasser halten. Dieses Thema ist ja zur Zeit sehr aktuell und auch die Medien berichten darüber, wie viele Menschen unter Depressionen leiden. Normalerweise wird das Thema „Depressionen“ totgeschwiegen. Es erhält selten Raum, weil es hilflos und hoffnungslos macht. Es zeigt, wie nah jeder am Ende seiner Ich-Geschichte steht... so offensichtlich! Man ist hoffnungslos, weil zutiefst erfahren wird, dass man das Leben nicht hinkriegt und keinen Sinn in ihm finden kann. Das ist die tiefe Wahrheit. Sie bedeutet den Tod für das illusionäre Ich. Das Denken und die Idee, ein Individuum zu sein, das nach freiem Willen handeln und wählen kann, kommen an ihr Ende.

F: Ich will es natürlich weghaben und manchmal zwinge ich mich dazu, es anzunehmen, aber beides gelingt mir nicht wirklich.

A: Es gibt niemanden, der etwas dafür oder dagegen tun kann – nicht einmal es annehmen. Das, was du bist, ist Das, was nichts braucht. Möglicherweise wird gesehen, dass Hoffnungslosigkeit und Depression in dem zeitlosen Sein auftauchen und in ihrer Totalität gefühlt werden, aber dass sie an niemanden gebunden sind. Alles was erscheint, verschwindet auch wieder.

F: Es ist manchmal so heftig, dass ich nicht mehr leben möchte.

A: Ja, wir sind hier zusammen, weil diese Pseudo-Person keinen Ausweg mehr sieht und als illusionäres Konstrukt einfach abfällt und stirbt. Das heißt, es kann klar gesehen werden, dass sie noch nie vorhanden war. Hier hörst du und erfährst du, dass es keinen Ausweg gibt für das Ich, no way out: „Ich kann mein Leben nicht positiver gestalten und ich habe das Leben nicht in der Hand. Ich kann nichts machen.“

Das verborgene Glück in der Hoffnungslosigkeit

Wenn es um die Suche nach Befreiung und Erleuchtung geht, spielt die Hoffnung bzw. die Hoffnungslosigkeit eine absolut wichtige Rolle. Die Hoffnung treibt den Suchenden immer vorwärts oder besser gesagt, weg von dem, was hier IST.

Hoffnung kann immer nur der Verstand haben, der noch Möglichkeiten sieht, wie er weiter bestehen und sich selbst erhalten kann. Wenn du also auf deiner Suche immer wieder Techniken und Methoden vermittelt bekommst und diese anwendest in der Hoffnung, freier zu werden, ist das eine geschickte Täuschung des Verstandes, der weiterhin bestehen will. Bist du aber in Kontakt mit einem guten Lehrer und Freund, bekommst du nichts von ihm. Stattdessen werden deine Konzepte gnadenlos zerstört und es wird offensichtlich, wie hoffnungslos die ganze Suche nach Erleuchtung ist. Möglicherweise wird gesehen, dass du sowieso nichts beitragen kannst, weil es keine eigenständige Person gibt. Du kannst erkennen, dass du niemals etwas brauchst, weil du schon DAS bist. Derjenige, der sucht und etwas erreichen möchte, der ist zuviel, er ist nur ein Gedanke. Lass dieses Denken aushungern, weil es niemals zu sättigen ist. Endlich gibt es kein Entkommen mehr, kein weiteres Herumirren im Labyrinth der scheinbaren Auswege und Lösungen. Die Gedanken, die bisher als Filter dienten, lösen sich in der Totalität des Seins auf. Es ist möglich, dass du dich vollständig der Hoffnungslosigkeit und Ohnmacht hingibst, doch auch das kannst du natürlich nicht willentlich steuern. Dann bist du nackt und ausgeliefert und findest dich in den Armen der Liebe wieder. Du wirst von ihr umarmt und gekusst, denn sie ist, was ist – direkt und absolut.

Das Nichts braucht nix

F: Ich fühle mich gerade verloren. Bisher hatte ich einen Halt in Gesprächen gefunden oder wenn ich in den Wald ging. Es ist alles so haltlos, auch wenn ich hierher komme. Ich kann das nicht fassen und nicht halten. Es macht mir Angst.

A: Brauchst du jetzt im Moment einen Halt oder eine Orientierung?

F: Nein. Aber irgendwie habe ich das Gefühl, dass ich das brauche.

A: Ja, die Person braucht immer etwas. Sie braucht ein Drumherum, einen gewohnten Ablauf, sie braucht Wissen und Gedanken, worüber sie sich definieren kann: „Ich habe eine Familie und Freunde, ich besitze eine Eigentumswohnung, ich habe einen guten Job oder ich bin arbeitslos, in meiner Freizeit bin ich sehr aktiv" etc. All das macht dich scheinbar aus.

Wer bist du, wenn du deinen Namen nicht kennst und keine Geschichte hast?

F: Das fühlt sich an wie nix. Es ist angenehm, mehr ist da gerade nicht.

A: Ja, es ist nichts. Dieses Nichts ist so frei, dass es nichts braucht.

F: Ich bin dann so ausgeliefert, dass ich nicht einmal mehr innehalten kann.

A: Innehalten geschieht oder geschieht nicht. Du kannst daraus kein Konzept machen und es anwenden. Das wäre nur Denken. Wie schön, wenn das alles nicht mehr funktioniert. Alles fällt weg und du brauchst noch nicht einmal innehalten. Wow, welche Freiheit.

Ich will die Angst loswerden

F: Im Tagesbewusstsein kann ich die Gedanken wahrnehmen oder auch loslassen. Aber nachts nicht. Wie komme ich an das Unterbewusstsein heran? Ich werde von Angst geweckt. Angst, dass ich vergessen habe, mich um etwas zu kümmern. Das ist so massiv, obwohl das mit dem Tag nicht übereinstimmt. Nachts erschrecke ich, wenn die Angst auftaucht, da hat sie mich sehr im Griff.

A: Du willst sie loshaben, oder?

F: Ja, schon lange.

A: Warum?

F: Weil mich die Angst im Griff hat, sie besitzt mich, ich habe Herzklopfen und es ist für mich in dem Moment die Realität. Ich wache von dem Schreck auf. In dem Moment, wo ich loslasse, habe ich keine Kontrolle mehr über mich und dann meldet sich da etwas.

A: Was ist falsch daran, dass sich Angst meldet?

F: Dass es nicht die Realität ist.

A: Es ist das, was einfach auftaucht.

F: Aber wenn ich den Tag Revue passieren lasse, dann sehe ich, der Tag war gut.

A: Also sollte die Angst nicht auftauchen?

F: Ja.

A: Das ist deine Vorstellung. Du begrenzt dich mit der Idee, dass in deinem Leben keine Angst auftauchen sollte.

F: Ja, ich arbeite bewusst daran.

A: Niemand kann daran arbeiten. Du hast das vielleicht gelernt und glaubst nun, dass du etwas tun könntest.

F: Das wünsche ich mir.

A: Tatsache ist, dass nachts eine Angst auftaucht, die vielleicht sehr unangenehm ist. Wie ist das, wenn sie nichts mit dir zu tun hat? Wenn sie einfach auftaucht und erfahren wird, aber sie hat nichts mit dem Tag zu tun und nichts mit dir. Du musst dich nicht um sie kümmern.

F: Das wäre wunderbar, dann könnte ich sie annehmen.

A: Ja, es ist wunderbar, denn es taucht einfach nur Angst auf.

F: Im Tagesbewusstsein kann ich sie annehmen, aber nicht im Schlaf.

A: Das musst du auch gar nicht. Du musst nicht mit dieser Angst umgehen. Da ist einfach nur Angst.
Die Sache wird schwer für dich, weil du gegen das, was ist, ankämpfst und im Widerstand bist. Wir haben gelernt, die Angst besiegen und loswerden zu wollen. Ist es nicht irrsinnig, gegen etwas anzukämpfen, was ist? Und wäre es nicht logisch, das, was ist, als gegeben anzuerkennen? Angst taucht auf und sie verschwindet irgendwann wieder. Sie hat nichts mit dir zu tun.

F: Echt, wirklich?

A: Ja, ganz echt, denn da ist niemand.

F: Ich fühle mich schlecht und schuldig und denke manchmal, dass ich vielleicht in einem früheren Leben etwas Schlimmes getan habe.

A: Vergiss das alles. Es hat nichts mit dir zu tun.

F: Nicht mit mir?

A: Nicht mit dir.

F: Man spricht doch von mehreren Leben.... Wenn da etwas war, dann würde ich gerne dazu stehen.

A: Stehe zu dem, was jetzt ist. Die Geschichten über frühere Leben sind auch nur Gedanken.
Das was ist, ist einfach Das. Wenn es Angst ist, dann ist es pure Angst. Doch bei dir beginnt das Denken: Angst darf nicht da sein, ich muss sie loswerden, da stimmt etwas nicht mit mir, ich muss zurückgehen in ein früheres Leben... Dann machst du Therapie und vielleicht verschwindet auch die Angst für eine Weile. Und irgendwann tauchen vielleicht Depressionen

auf oder eine Allergie. Es ist einfach nichts falsch daran, wenn Angst auftaucht. Wenn die Angst und das, was erscheint, nicht mehr persönlich genommen wird, dann kannst du dich zurücklehnen. Angst taucht auf und sie wird gefühlt. Da passiert nichts. Sie ist lediglich eine Emotion, die durch den Körper geht. Aber das Sein, das du bist, bleibt völlig unberührt davon. Es hat kein Problem mit Angst, es weiß nichts über sie.
Wenn du absolut hier bist, egal was ist, dann willst du nichts anderes mehr. Auch wenn es Angst ist. Das bedeutet verliebt zu sein in das was ist.

F: Spürst du das?

A: Da ist niemand, der das spürt. Ich bin Das.

III. Das Wunder des Seins

Das Wunder des Seins

Als ich auf der Suche war, und das war ich eigentlich schon ein Leben lang, habe ich immer nach etwas Besonderem gesucht. Ich suchte nach außergewöhnlichen Zuständen, abgehobenen Erfahrungen und wollte als besonderer Mensch wahrgenommen werden. Es fühlte sich immer so an, als wäre das gewöhnliche Leben nicht genug. Ich suchte nach etwas Höherem und Erfüllenderem, als das, was war. Ich hätte nie geglaubt, dass das, was gesucht wurde, in der Natürlichkeit und Einfachheit des Lebens liegt. So offen und direkt hier, dass ich es nie sehen konnte und wahrscheinlich auch nicht sehen wollte. Alles, was ich mir vorgestellt und ausgemalt hatte, wird von dem was ist, in jedem Moment gesprengt und übertroffen.

Das Wunder des Seins liegt im einfachen Atmen. Ist es nicht erstaunlich, dass Das einfach atmet, ohne dass du dir dessen bewusst bist? Ich sehe das Wunder im Schnee. Flocke für Flocke fällt vom Himmel und bildet eine weiche weiße Decke: Das. Ich sehe Das als Hund, der ausgestreckt daliegt und schläft. Das sitzt auf dem Stuhl und Das ist der Stuhl. Das trinkt einen warmen Tee und Das ist der Tee. Das schaut aus dem Fenster. Das ist die eisige Kälte und Das spürt die Kälte auf dem Gesicht und erfreut sich an der Wärme im Zimmer.

Vielleicht denkst du, das kann es nicht sein. So einfach? Das soll es schon sein? Niemals. Möglicherweise suchst du ständig das Besondere. Vielleicht hast du schon besondere Erlebnisse, schöne erleuchtende Momente und übersinnliche Wahrnehmungen erfahren.

Aber wie lange haben sie angehalten und dich glücklich gemacht? Meistens sind wir enttäuscht, weil sie nur von kurzer Dauer sind und an Bedingungen geknüpft sind. Und um diese Enttäuschung und Hoffnungslosigkeit nicht spüren zu müssen, suchen wir nach neuen Herausforderungen und bemühen uns noch mehr, das Glück dauerhaft zu erfahren.

Ich spreche hier von einem Mysterium, einem vollkommenen Wunder. Wenn der Wissende abwesend ist, bleibt Staunen über das Außergewöhnliche im Gewöhnlichen, die Vollkommenheit in der Unvollkommenheit. Alles, was du über dich weißt, wie du deine Arbeit, deine Kinder, deine Nachbarn und dein Tun siehst, alles, was du über den Moment denkst, hat nichts mit dem zu tun, was ist. Zum tausendsten Mal schaust du in den Spiegel und glaubst zu wissen, wer du bist. Du glaubst dich zu kennen.
Bist du bereit, für einen Augenblick deine gewohnte Geschichte beiseite zu lassen? Bist du bereit, in die Augen deines Gegenübers zu schauen, ohne vorher schon zu wissen, was er sagt und was er denkt und wie er ist? Bist du bereit, für einen Augenblick deine Geschichte über deinen Körper fallen zu lassen? Was weißt du dann, wenn der Arm weh tut? Wie kannst du wissen, was Schmerz ist und wie er sich anfühlt?

Kann es sein, dass wir nur in Gedanken leben und deshalb schon immer vorher wissen, wie die Dinge sind? Es scheint, als würden wir vergangene Geschichten in die Zukunft transportieren, um im voraus zu wissen, was zu tun ist und wie unser Leben sein wird. Was hat das mit Gegenwärtigkeit zu tun? Was tatsächlich geschieht, ist, dass in der Gegenwärtigkeit Gedanken auftauchen, Zukunftsgedanken, Vergangenheitsgedanken, bekannte Gedanken. Sie haben mit nichts und niemandem zu tun.
Doch wenn es *deine Gedanken* sind und *deine Geschichte* und *deine Zukunft*, dann glaubst du diese Gedanken hüten und bewahren zu müssen, oder du verurteilst dich dafür, dass sie schon wieder auftauchen und nicht immer angenehm sind.
In Gedanken zu leben – was ja gar nicht möglich ist – ist totes Leben. Aber alles direkt und unmittelbar zu sehen und zu sein – das ist das größte Abenteuer, es ist ein einziges Wunderwerk. Immer das erste Mal.

Wie kann man Sein sein?

F: Wie kann man Sein sein? Für mich stellt sich die Frage, ob man das wollen kann?

A: – Lachen –

Versuch doch einmal für einen Moment nicht zu sein.

Es ist so, als würde sich ein Hund die Frage stellen, wie er Hund sein kann. Der Hund ist bereits Hund und kann nicht anders, als Hund sein. Wenn er ein suchender Hund ist, wird er von der Frage „wie kann ich Hund sein?" möglicherweise geplagt und getrieben. Er ist unzufrieden, weil er glaubt, dass er noch nicht das ist, was er sein möchte. Wenn er aber seine Natur – das *Hundsein* – erkennt, dann fallen die Fragen, die Suche und jede Anstrengung einfach ab. Er ist Hund und er weiß, er war noch nie etwas anderes.
Alles ist gut wie es ist.

Selbst-Gespräche

Ein Freund ruft mich an, er ist völlig verzweifelt und am Boden zerstört. Sein bisheriges Leben ist geprägt von wiederkehrenden Unfällen und Schicksalsschlägen. In den letzten Wochen machte er endlich positivere Erfahrungen und hatte das Gefühl, es gehe bergauf. Und jetzt das: Er verliert schon wieder so viel Geld auf eine so merkwürdige Weise, dass es beinahe filmreif klingt. Gerade noch fühlte er sich zuversichtlicher und dann wird in einem Moment alles zunichte gemacht. Er glaubt, die Menschen und das Leben hätten sich gegen ihn verschworen. Es ist wie ein Schlag in den Magen. Ich höre seine Stimme am Telefon, höre diese unendliche Verzweiflung und spüre den Schlag in den Magen. Ja, das alles geschieht hier und jetzt. Das Sein als Freund fühlt sich verraten vom Leben und von Gott. Es erfährt die Situation als unfair und unbegreiflich. Das Sein als sein Kontrahent scheint ganz klar in der überlegenen Rolle zu sein.

Der Freund glaubt, dass er nicht nur für sein Leben, sondern auch für das seiner Familie verantwortlich ist. Er muss sich darum kümmern, dass alles gut läuft. Doch das Leben hat sich wieder einmal gegen ihn gestellt. Er glaubt nicht mehr an eine bessere Zukunft. Wahrscheinlich fühlt er sich auch schuldig und macht sich Vorwürfe. Diese Gedankenabläufe und Szenen kennt er bereits in- und auswendig. Sie haben sich so oft schon wiederholt.

Alles, was auftaucht und erfahren wird, ist der Inhalt des Traums, der Geschichte. Solange du in den Traum verwickelt bist, glaubst du, der Handelnde zu sein: Du musst die aussichtslose Situation irgendwie in den Griff kriegen. Du suchst fieberhaft nach Lösungen und versuchst die Kontrolle zu halten. Wenn du aber erwachst aus diesem Alptraum, dann weißt du, es ist alles nur ein Traum. Du hast kein Interesse, irgendetwas an dem Traum zu verändern oder auf ihn einzuwirken. Du weißt, es ist nur ein Traum. Dann ist waches Sehen da für das, was ist. Absolutes Einverständnis mit den Gegebenheiten.

Wenn es nur ein Sein gibt, dann kann das Sein nur mit sich selbst sprechen, sich selbst begegnen, sich selbst berühren, den Traum träumen und sich selbst aus dem Traum wachrütteln, sich selbst verraten, sich selbst Geld wegnehmen und sich selbst Geld geben. In diesem Spiel gibt es weder ein Ankommen, noch ein Ziel für irgendjemanden. Spontane Aktionen tauchen auf und verschwinden wieder.

Selbst-Berührungen

Da es nichts anderes gibt als Sein, kommt das Sein nicht umhin, sich permanent selbst zu berühren. Nichts schiebt sich zwischen Sein und Sein und es gibt nichts, was nicht Sein ist. ES ist eine wunderschöne Blume und riecht sich selbst. Es ist Gemüse und Salat, bereitet sich zu und verspeist sich selbst. Es ist Mann, Frau und Kind und nimmt dabei unzählig viele Rollen ein. Es kriegt nicht genug davon, sich immer wieder zu berühren – immer anders, immer neu. Es berührt sich über eine Geste und es berührt sich über einen Kuss, über ein Blatt, das zur Erde fällt und über den Müll, der sich haufenweise auf der Erde stapelt. Es berührt sich, indem es sich als Erde anbietet und als Milliarden Füße und Pfoten darauf herumläuft. Es scheut keine Berührung.

Wie ist das, wenn du in Berührung kommst mit dem Augenblick? Gerade jetzt? Wenn du das Buch für einen Moment beiseite legst und einfach nur bist?

Hier hört es auf zu tippen. Es ist still, ich höre draußen einen Hund bellen. Mein Hund dreht sich gerade um und schaut mich an. Die Äste an den Bäumen bewegen sich ganz leicht im Wind. Da ist niemand, der sieht und etwas darüber weiß. Einfach das – und doch nichts. Es ist so leer und still und doch ist es das Bellen dort draußen, die leichten Bewegungen der Äste. Kein Gedanke ist da, keine Geschichte, einfach nur das. Das alles wird zum ersten Mal gesehen. Staunen.
Der Baum dort draußen weiß nichts. Die Luft, die wir atmen, weiß auch nichts. Immer wieder tippt es weiter und bleibt dann wieder still. Kein Wissen darüber, was hier geschrieben wird. Niemand, der nachdenkt und niemand, der es kontrollieren kann. Und doch – es geschieht: Schreiben, Sehen, Atmen, Sitzen – Staunen.
Die Gegenwärtigkeit ist Ewigkeit. Sie hat nie angefangen und endet deshalb auch nicht. Sie ist einfach. Sie fragt nicht warum und was sie davon hat. Sie will nichts. Sie verfolgt keinen Zweck und kein Ziel. Und auf wundersame Art ist sie immer vollkommen, weil sie sich vollständig verschenkt, immer ganz, immer so, immer total.

Bleib nicht an diesen Worten hängen. Lass dich berühren von der Essenz des Seins, die jenseits dieser Worte zum Schwingen kommt. Sie geht mit sich selbst in Resonanz.

Auszug aus einem Meeting in Lindau

F: Bei mir ist es so, dass ich hier sitze und zuhöre und trotzdem nichts höre, das kommt nicht an. Ich verstehe gar nichts. Ich kann nur sagen, was jetzt im Moment ist.

A: Du kannst Das niemals verstehen. Über Worte, Stille, Gesten, Bewegungen, Blicke, Energie berührt sich das Sein immer selbst. So, wie eine Welle sich selbst berührt durch eine bestimmte Bewegung, obwohl sie immer Wasser ist. Es sind Bewegungen und Schwingungen, die in ihrer Totalität Nichts sind und als Alles erfahren werden. Das ist mmmhhhh – genau so. Was gibt es da zu verstehen?

– Stille –

F: Es ist gerade so, als würde es einfach weitersprechen, obwohl du gerade nicht sprichst. Als würde es niemals aufhören und gar nichts mit den Worten zu tun haben.

A: Es hört nie auf, weil es noch nie angefangen hat. Es ist ein ewiger Selbstdialog. Es redet, es ist still, es lacht, es tanzt, es weint.....es berührt. Es ist.

F: Es ist so alldurchdringend. Als würde es durch jede Ritze und Pore gehen und sich ausbreiten. Ein Ausbreiten, wo es ja gar kein Ausbreiten gibt, weil es ja schon alles ist. Es ist so fein, dass ein Haar ein Strick dagegen ist.

F: Es war so eine Freude da, als ich hierher kam, als könnte nichts mehr kommen. Jetzt sind wieder Geschichten da und ich bin enttäuscht.

A: Alles, was auftaucht – seien es Gedanken, Gefühle, Hoffnung, Geschichten – ist das, was in der Gegenwärtigkeit kommt und geht. Verwechsle das Vergängliche nicht mit dem Ewigen. Das kann nicht Freiheit sein, wenn kurzfristig Freude und Leichtigkeit erfahren werden und dann festgehalten werden müssen. Natürlich bist du enttäuscht, wenn sie wieder verschwindet. Wie schön, dass sich das zeigt. Wir sprechen von dem absoluten Sein, das nichts braucht, nicht einmal eine kurzfristige Freude.

Es ist zwar wunderbar, wenn sie da ist. Aber keine Freude ist auch Freude.

F: Ich wollte die Freude halten, weil ich sie so selten erfahre.

A: Wenn gute und freie Gefühle da sind, nimmt man sie gerne persönlich. Man fängt an, sie zu bewahren und möchte sie am liebsten konservieren. Passt man einen Moment nicht auf, macht es Peng! – und schon sind sie wieder weg.
Schau, das ist auch die Berührung des Seins. Es ist die unendliche Weite, in der Freude auftaucht, aber auch Traurigkeit und Hoffnungslosigkeit. In ihr werden Worte gesprochen und Begegnungen finden statt. Hier ist alles willkommen. Das löst pure Freude aus.
Dein Gesicht sieht jetzt befreit aus.

F: Ich war vorher angespannt und verkrampft.

Selbst-Begegnungen

Nach einer gewissen Zeit meines damaligen inneren Rückzugs hatte ich das Gefühl, meine Praxistätigkeit nicht mehr aufnehmen zu können. Wenn ich weiß, dass es kein Individuum gibt, aus welchem Grund sollte ich dann noch therapeutisch wirksam sein? Vor allem, wie soll das funktionieren? Irgendwann kam die Praxistätigkeit zurück, ich weiß nicht wie und warum. Es geschah einfach und ich fand mich wieder in meinen Räumen und behandelte Menschen. Erst später wurde mir bewusst, dass sich die Frage gar nicht stellte, was ich da mache oder vor allem, warum ich das mache. Es ist weder eine Absicht noch eine Zielvorstellung da.

Egal, aus welchem Blickpunkt das Leben betrachtet wird, das Leben geschieht aus sich selbst heraus. Und es geht nicht darum, dass wir uns ihm entziehen. Das wäre Trennung. Auch wenn klar ist, dass es kein Ich gibt, geht das Spiel des Lebens weiter. In diesem Spiel ist alles enthalten und es ist alles.

Eine Frau kommt in die Praxis und erzählt mir, wie sie als Kind viel geschlagen worden ist. Sie fühlte sich von ihren Eltern weder verstanden, noch geliebt. Sie weint. Da ist berührt Sein von dem, was gesprochen wird und auftaucht, Schmerz und Traurigkeit. Das ist das, was im Augenblick ist. Später geht die Frau. Sie hinterlässt keine Spuren. Die Frau ist verschwunden, die Geschichte mit dem Mädchen ist vorbei, die Tränen sind weggewischt und nichts ist. Alles hat sich wieder aufgelöst und wurde verschluckt von der unendlichen Liebe des Seins. Nichts ist geschehen. Egal, welche Geschichten ich höre und welche Begegnungen stattfinden, ich kann darin nichts Falsches sehen, es gibt keine Schuld, nicht jemand, der anders sein müsste, nicht etwas, das verändert werden müsste – einfach nur das.

Ein Mann ruft an, sein Baby hat Schnupfen. Es kann nicht gut durchatmen und er möchte, dass das endlich aufhört. Aber es hört nicht auf – nicht jetzt. Es ärgert ihn und macht ihn wütend, weil er nichts machen kann. In seinem Beruf kann er scheinbar so vieles verändern, Probleme lösen, Computerprogramme erstellen – doch dieses kleine Kind kann nicht gut durch die verstopfte Nase atmen und er kann nichts tun. Ich höre ihn am Telefon, ich höre und spüre seine Verzweiflung und seine Wut, weil er hilflos ist. Das ist alles hier. Das ist das, was gerade geschieht und auftaucht. Das ist es, was in dieser grenzenlosen Weite auftaucht und was sie hier sein lässt. All diese Erscheinungen sind durchdrungen von Stille, Leere, Nichts.

Ich biete den Menschen Gespräche an, damit sie sich irgendeiner Sache, die sie beschäftigt und in die sie scheinbar involviert sind, bewusster werden. Wer sollte etwas genauer anschauen und wozu, wenn es doch kein Ich gibt? Ist das nicht ein Widerspruch? Für den denkenden Geist ist das sicherlich ein Widerspruch, doch hier ist die endlose Weite, die alles ist. Das freie Sein ist derjenige, der Hilfe sucht, es ist der Therapeut, es ist das schreiende Kind, es ist der Hund, der bellt und es ist der Nachbar, der sich von seiner Frau trennt. Es begegnet sich immer selbst und egal, was geschieht, es entkommt sich nie.

IV. Das endlose Labyrinth

Amüsante Unterhaltungen über spirituelle Konzepte
Auszüge aus Meetings in Lindau, 2010

Das Nichts soll alles sein?

A: Schön, dass wir die Gelegenheit haben, zusammen zu sein, um über das freie Sein zu sprechen. Wir müssen hier keinen künstlichen Zustand erzeugen, sondern es ist, was ist. Es gibt nichts, was das Sein nicht ist.

F: Was verstehst du unter Sein? Ich finde nichts, es ist nichts, es ist ... (Die Worte sprudeln nur so heraus.)

A: Das ist es!

F: Ich pfeif drauf. Da lohnt es sich nicht einmal zu leben. Da ist gar nichts. Das macht doch alles gar keinen Sinn. Wofür bin ich eigentlich hier? Die Leute rennen alle dem Geld nach oder arbeiten, damit sie sich bestimmte Dinge leisten können.... für mich ist das sinnlos und trostlos. Ich muss mich dann zusammenreißen, um irgendetwas zu machen.... aber es hält nicht an.

A: Was hält nicht an?

F: Dass es mir Spaß macht. Ich tanze zwar sehr gerne und mache auch mal einen Tanzkurs und dann merke ich, das ist es auch nicht. Irgendwie ist nichts da. Aber wofür bin ich eigentlich dann hier? Warum dann dieser Körper? Das macht doch alles gar keinen Sinn.

A: Wenn es keinen Sinn machen müsste....?

F: Ja, für mich macht es keinen Sinn.

A: Für mich auch nicht.

Für die scheinbare Person muss immer etwas herausspringen. Sie sucht hinter jedem Tun und Nicht-Tun einen Sinn und Nutzen.

F: Es muss mir doch etwas Spaß machen. Dann fange ich an, mir etwas zu wünschen.... (lacht), ja ich weiß, es ist für mich wie ein Rückschritt, aber dann habe ich wieder einen Halt. Dann mache ich das eine zeitlang und merke, das ist es auch nicht. Was mache ich dann hier auf der Welt? Was soll das eigentlich?

A: Du hast gesagt, dass nichts ist. Beschreibe mir das Nichts.

F: Luft. Nichts.

A: Warte mal. Ich meine nicht, wie du gewohnt bist, das Nichts wahrzunehmen oder wie du gewohnt bist, über Nichts zu sprechen. Schau jetzt zum ersten Mal richtig hin. Wie ist das Nichts?

F: Ich finde da nichts, ich kann....

A: Stopp. Das ist alles Denken. Du bist so gewohnt, das Nichts zu denken...

F: Ganz am Anfang war hier so eine Stille oder ich sage einfach so eine feine Energie. Aber was soll das dann? Das ist ja auch nichts Bestimmtes.

A: Das ist einfach Energie und Stille – auch Nichts.

F: Und das ist alles?

A: Gehe den Fragen „Ist das alles? Was soll das?..." nicht nach und sei einfach hier – und dann berichte noch einmal über das Nichts.

F: Dass das, was ich vorhin wahrnahm, immer und überall ist? Das habe ich nicht. Das ist schon wieder weg.

A: Es gibt da einen gewaltigen Unterschied zwischen Denken und dem lebendigen Sein. Der Verstand plappert permanent und weiß scheinbar, was Nichts und Stille ist. Er weiß über alles Bescheid und er hat immer eine Antwort parat.

Wenn er aber für einen Moment aussetzt – das kann jederzeit geschehen – dann ist es still, erfüllend leer. Darüber kannst du nichts wissen.

F: Super. Das will ich.

A: Das ist schon hier.

F: Ich möchte es immer sein. Ich möchte nichts mehr suchen und meinen, ich muss etwas machen, damit es mir nicht so langweilig ist auf der Welt.

A: Dieses natürliche Sein kann niemand herstellen, es ist bereits hier.

F: Was, ich kann das nicht herstellen? Es gibt doch diese Methode, dass ich die Gedanken wie Wolken vorbeiziehen lassen kann oder der Frage „Wer bin ich?“ nachgehe, was Ramana Maharshi sagte...

A: Sei einfach. Sitz oder sitz nicht. Du kannst immer nur sein, was ist und wie du bist.

F: Aber kann es nicht hilfreich sein, die Frage „Wer bin ich“ anzuwenden?

A: Doch, die Frage „Wer bin ich“ kann absolut hilfreich sein. Sie kann dich direkt zur Quelle führen, in der alles verbrennt, für das du dich hältst. Diese Frage kann einmal wirksam sein und ein andermal nicht – aber immer für niemanden.

Wir können dem Leben, so wie es ist, nichts hinzufügen. Wie soll denn das gehen? Das, was ist, ist das pralle Leben. Es braucht nichts, noch nicht einmal einen Sinn. Du kannst dich selbst nicht übertreffen. Wenn wir hier zusammen sind, muss weder etwas dabei herauskommen, noch müssen die Worte verstanden werden. Trotzdem berührt dich das Sein auf seine ganz individuelle Weise.

F: Wenn beispielsweise Wut da ist, dann verliere ich mich in der Wut und ich kann kein Ich finden. Wenn man in einer Emotion drin ist, dann ist man sich seiner selbst nicht bewusst, als wäre ich weg von mir und nicht zentriert. Wenn die Stille da wäre, wie vorhin, dann würde ich mich nicht so in der Emotion verlieren.

A: Das sind alles Theorien.

F: Aber ich erlebe das so. Ich bin dann weg.

A: Das, was du bist, kann nicht weg sein. Da ist einfach Wut.

F: Das gefällt mir aber nicht. Dann bin ich den ganzen Tag darin verwickelt. Ich möchte in dem drin sein, wo ich vorher war, wo es so still war.

A: Da ist niemand, der in einer Wut drin ist und niemand, der nicht in der Wut drin ist. Es ist einfach Wut da, punkt fertig, und sie wird wie auch immer erlebt.

F: Ich möchte aber mehr in diesem Stillen und Feinen sein. Das fühlt sich besser an als dieses Theater da draußen.

A: Das Sein ist alles...

Lass das mal auf der Zunge zergehen. Es gibt niemand, der rein und raus geht, und niemand, der einmal mehr und ein anderes Mal weniger Sein ist. Alles ist Das.

F: Dann habe ich das falsch verstanden. Ich dachte, es sei besser und schöner, wenn man immer in diesem ruhigen stillen Zustand wäre. So wie ich dich verstehe, kann ich auch in der Wut drin sein...

A: Da ist niemand drin. Es ist einfach das, was ist.

F: Dann ist es auch okay, wenn sich niemand bewusst ist um dieses Sein?

A: Klar.

F: Warum sitzen wir dann hier? Dann ist es ja egal, was wir tun?

A: Jeder Moment ist der vollkommene Ausdruck des Seins. Jetzt ist es Zusammensitzen und über die Natur des Seins sprechen. Das ist es.

Negative Energien transformieren

F: Wut und Ärger kennen wir alle. Die Frage ist: Will ich mit der Wut leben, oder kann ich sie auch transformieren? Wut oder Ärger ist für mich eine negative Energie. Sie ist da und hat eine Bedeutung. Deshalb muss ich sie jetzt bearbeiten und irgendwie lösen.

A: Innerhalb der persönlichen Geschichte gibt es klare Strukturen und Vorstellungen über das Leben, man unterscheidet zwischen negativen und positiven Energien.... und es gibt die Idee, diese Energien transformieren zu können. Aber wie soll das funktionieren, wenn das Ich selbst nur eine Idee ist?

F: Das mache ich durch Meditation oder Atmung. Zuerst einmal einen Abstand gewinnen zu der ganzen Geschichte, und dann kann ich sehen, warum ich gerade solchen Menschen begegne, die das auslösen. Das kann einen Grund haben, vielleicht ein Karma.... aber es wäre töricht, diese Person auszugrenzen.

A: Ich weise darauf hin, dass kein separates Individuum existiert, das etwas verhindern oder fördern kann. Das Leben ist so, wie es ist und je nach Charakter und Disposition reagieren wir darauf. Das Denken aber spaltet alles in zwei Seiten auf, in positive Energien und negative, gute Menschen und schlechte, Dunkelheit und Licht. Wir haben gelernt, das Helle, Schöne und Gute haben zu wollen und das andere abzulehnen. Inzwischen haben wir gelernt, Wut und negative Energien zu transformieren, uns in Liebe und Verständnis zu üben und kompromisslos zu vergeben. Das ist alles in Ordnung. Dies findet innerhalb der persönlichen Geschichte statt.
Wenn wir aber hier in Meetings zusammen sind, sprechen wir über das grenzenlose Sein, das jenseits der persönlichen Geschichte ist und doch alles beinhaltet. Ich spreche hier nicht darüber, Dinge zu verändern, weil es scheinbar Besseres gibt als das, was jetzt ist. Alles ist dieses vollkommene göttliche Sein.
Wenn du für einen Augenblick nichts weißt über negative und positive Energien, nichts über bessere oder schlechtere Verhaltensmuster, was ist dann?

F: Es wirkt auf meine Seele.

A: Woher weißt du das?

F: Die Seele ist meine Innenwelt. Jeder hat eine Innenwelt, ganz verschieden.

A: Okay. Wenn du jetzt auch die Gedanken von Seele und Innenwelt lässt und einfach nur hier bist. Wie ist das?

F: Völlig neutral. Darum geht es doch gar nicht.

A: Wir sind hier zusammen, um zu sehen, was wirklich ist und was nicht, und was wir gewohnt sind zu denken.

F: Das ist nicht das Denken, das mir das gesagt hat... es kam aus der Intuition.

A: Was ist die Intuition?

F: Mit ihr kann ich eine Verbindung schaffen mit der geistigen Welt.

A: Wo ist die geistige Welt?

F: Überall ist sie, auch hier in diesem Raum.

A: Auch das ist ein Wissen, das du dir angeeignet hast. Das hat nichts mit Hiersein zu tun.

F: Ich sehe in jedem Menschen das Ursprüngliche, das Wahre. Nur ist es verdeckt vom Ego.
Also jeder hat eine andere Bewusstseinsstufe oder Ebene.

A: Es gibt nur Eins.

Ich bin noch nicht das absolute Sein

F: Mir ist es wichtig, dass das Leben stimmig ist. Ich suche in vielen Bereichen und wenn es dann stimmig ist, spüre ich es. Das ist wie ein innerer Kompass.

A: Und wenn du eines Tages herausfinden würdest, dass der innere Kompass auch nicht stimmt?

F: Ich habe eher das Gefühl, der innere Kompass... Vielleicht entdecke ich dann später etwas Neues und sehe, ah, so habe ich es damals gesehen und heute sehe ich es so. Es ist immer in Bewegung.

A: Alles, was du beschreibst, ist der Inhalt der Geschichte, in der eine scheinbare Person existiert. Sie sucht immer nach einer Lösung. So, wie wir das jetzt hier schon öfters gehört haben, glaubt die Person, ein Konzept gefunden zu haben, wie das Leben funktioniert. Du redest von deinem inneren Kompass,

andere von Wut transformieren, wieder andere sprechen über die verschiedenen Bewusstseinsebenen.
Ich spreche hier von dem Absoluten. Darin kann sich keine Theorie und kein Konzept halten, niemand, der etwas erreichen kann oder irgendwo hin kommt, da kannst du alles verwerfen, was du je gehört und geglaubt hast.

F: Aber ich bin noch nicht das absolute Sein.

A: Was bist du dann?

F: Ich bin nur ein Funke vielleicht. Es ist in mir da....

A: Nein, es ist nicht in dir. Da ist niemand, der es in sich hat. Du bist es pur. Es gibt nichts anderes.

F: Nein, ich bin auch Ego und Maya.

A: Das sind alles Theorien und Konzepte, die vom Verstand einfach übernommen und angesammelt wurden.

Eine kurze Diskussion von drei Teilnehmern

F1: Es gibt nur Bewusstsein, das sagen sogar schon die Quantenphysiker.

F2: Es gibt verschiedene Bewusstseinsstufen. Es gibt ein niederes und ein höheres Bewusstsein.
Aber ich bin nicht so vermessen und spreche über das absolute Bewusstsein. Das habe ich noch nicht. Ich entwickle mich dahin. Und wir sind alle auf dem Weg dahin. Der eine früher und der andere später.
Ich würde mich jetzt nicht auf die gleiche Stufe stellen wie Jesus oder Buddha. Die haben auch ein gewisses Bewusstsein.

F3: Ach, die Typen! Ich bin denen nie begegnet.

F2: Es hat ja nichts damit zu tun, ob ich sie gesehen habe oder nicht. Ich kann von denen eine Botschaft aufnehmen. Es ist egal, ob es der Dalai Lama oder sonst jemand ist. Was ich sagen möchte, in mir ist das Höhere Selbst, aber es ist noch nicht voll entwickelt.

– Stille –

A: Den Frieden und das BewusstSein können wir uns nicht erarbeiten und auch nicht erreichen.
Es ist bereits hier, in vollem Ausmaß. Es scheint, als könntest du dich darum bemühen. Da ist aber niemand, der die Wahl hat, sich darum zu bemühen oder es sein zu lassen. Es ist so wie es ist. Wenn diese Idee von „ich muss mich darin üben, das absolute Sein zu erlangen" wegfällt, dann wird gesehen (von niemandem), dass es schon immer hier ist.
Frei sein von der Idee, etwas erreichen und haben zu wollen und frei sein von dem Gedanken, jemand sein zu müssen. Es wird dir nie möglich sein, das zu verstehen, weil es vor jedem Verstehen ist. Der, der versucht, zu verstehen und mitzukommen, ist illusionär. Es ist einfach nicht zu begreifen. Das stellt alles, was du je geglaubt und gelernt hast, auf den Kopf. Du kannst nichts tun und es gibt nichts zu tun.
Dass es dieses Hier schon sein soll, dass du es schon durch und durch bist – das ist unfassbar. Trotzdem geschieht Bemühung, Entwicklung, Meditieren, still sein. Bis gesehen wird, dass es kein Besser und kein Schlechter gibt, kein Außerhalb und kein Morgen.

Gehen diese Worte in dir auf, findet eine immense Ausdehnung und Entspannung statt, weil einfach klar ist, dass es nur Das hier gibt. Das Pseudo-Ich löst sich aus der Kontraktion und dehnt sich aus in das unendliche Sein.

F2: Ich muss jetzt noch einmal etwas sagen: Ich habe ein Potential in mir, das ich zur Entfaltung bringen kann, oder anders ausgedrückt, dieses ursprünglich Höhere kann ich zur Entfaltung bringen.

A: Es scheint, als könntest du etwas entwickeln und höher werden lassen. Da ist jedoch niemand, der etwas machen kann oder machen muss. Du bist erfülltes Sein.

F2: Aber ich bin konfrontiert mit Gedanken und Menschen... die haben einen Einfluss auf mich.

A: Das Sein komprimiert sich und es scheint, als wäre hier und dort eine Person mit ihrer Geschichte. Und es scheint, als könnten diese Personen ihr Leben in die Hand nehmen und etwas erreichen. Es scheint tatsächlich so, als würden sich diese Personen gegenseitig beeinflussen. In Wirklichkeit jedoch ist alles das eine Sein. Wo soll es sich hin entwickeln, wenn es egal, wohin es schaut, immer nur sich selbst sieht? Jede Ritze, die Uhr, der Tisch – alles ist das Sein. Mehr geht nicht.

– Stille –

F1: Die Stille ist schön.

A: Kann sie unterbrochen werden?

F1: Nein. Aber es kann so empfunden werden.

A: Die Stille kann niemals beeinträchtigt werden, auch nicht durch einen aktiven Verstand und eine rege Diskussion.

F1: Ich spüre hier keine Grenze. Wenn ich unterwegs bin oder zu Hause, fühle ich oft einen Druck im Magen. Hier ist alles so weit.

F2: Also, ich möchte etwas sagen, ich fühle mich etwas komisch in dieser Runde. Das ist meine ehrliche Meinung.

A: Das ist in Ordnung. Das Nicht-Wohlfühlen ist hier auch willkommen.

F2: Ja klar, hier ist alles offen, das habe ich schon gemerkt.

Das Labyrinth spiritueller Konzepte

Wir können einen Trend verfolgen, der eine Vielfalt an Möglichkeiten bietet, wie wir unser Leben und unsere persönliche Entwicklung positiver gestalten können. In der spirituellen Szene begegnen uns dann Schlagworte wie beispielsweise: Erfüll dir deine Wünsche, Lebe deine Kraft, karmische Konflikte lösen, Im Hier und Jetzt sein, Bewusstseinserweiterung und schlussendlich die Suche nach Erleuchtung.
Diese Angebote haben alle etwas gemein: sie implizieren das Gefühl, dass dir etwas fehlt und dass das Leben, so wie es ist, nicht in Ordnung ist. Viele Menschen sind nicht mehr nur mit dem gewöhnlichen Leben wie Geld verdienen, Arbeiten, Familie und Hobbies zufrieden. Sie suchen mehr. Sie suchen nach dem Sinn des Lebens, fragen sich, warum sie hier sind und wer sie sind. Sie versuchen ihren Lebenslauf besser zu verstehen und darin entsprechende Zusammenhänge zu finden.

Es besteht ein riesengroßer Marktplatz an Angeboten und es gibt nichts, was es nicht gibt. Auf jede Frage findest du eine Antwort, jede Ursache hat ihre Wirkung und jede Krankheit ihre Bedeutung. Du versuchst, deinen Seelenpartner zu finden, damit du endgültig eine erfüllte Beziehung leben kannst. In der Selbsterfahrung bist du bemüht, alle persönlichen Anteile kennenzulernen und zu integrieren. Wenn dich dann immer noch Probleme plagen, hilft die Reinkarnationstherapie, die dir endlich auf den Kopf zusagt, dass du in einem früheren Leben ein Täter warst und deshalb deine heutige Problematik nur schwer lösbar ist. Vielleicht hast du gelernt, zu Engeln zu beten, denn für jedes Problem gibt es einen bestimmten Engel, der dir zur Seite steht und dich begleitet. Wenn das nicht hilft, dann lernst du, dein Leben selbst in die Hand zu nehmen und wirst dein eigener Schöpfer. Du musst nur daran glauben und es wirklich wollen, dann erfüllen sich deine Herzenswünsche. Inzwischen lernst du, im Hier und Jetzt zu sein und versuchst, jede Handlung bewusst zu tun, damit sich das Bewusstsein auch erweitert und du der Erleuchtung näher kommst. Diese ganze Bandbreite von Angeboten findet in der Einheit statt und es ist nichts falsch daran, denn auch das ist das Spiel des Seins.

Solange von einer separaten Person ausgegangen wird, scheint es durchaus möglich zu sein, dass sie sich entwickelt und entfaltet und eine bessere Lebensqualität erreicht. Es muss jedoch klar differenziert werden, dass wir hier von der relativen Ebene, dem Traum sprechen. Innerhalb dieser begrenzten Ich-Geschichte ist weder endgültiges Ankommen, noch dauerhafter Frieden möglich. Denn der Ich-Gedanke hat in jedem Moment eine neue Idee, was besser wäre, und treibt dich dazu an, gegen das Leben anzugehen.

Wenn du aber an absoluter Befreiung interessiert bist, dann hinterfrage grundlegend das Ich und das ganze System, in dem es eingebunden ist und eine gewisse Rolle spielt.

Hier ist die Einladung, zu sehen, dass die Person, von der du vielleicht glaubst, du seist sie, nur als Gedanke und Empfindung existiert. Deshalb können die spirituellen Konzepte letztlich nur als Phänomene und interessantes Gedankengut erscheinen und manchmal zu einem endlosen geistigen Labyrinth führen. In Wirklichkeit ist alles, was erscheint und auftaucht, völlig zusammenhanglos, beziehungslos, substanzlos und leer.

Das Ende der persönlichen Begrenzung ist an keinerlei Bedingungen oder Erfüllungen geknüpft.

Es hat weder mit deiner Vorgeschichte zu tun, noch damit, wie viele Opfer du bereit bist, zu bringen. Vielleicht kannst du sehen, dass die Wurzel der Probleme und deines Gefangenseins nicht die Gegebenheiten sind. Sie ist der Glaube, ein getrenntes Wesen zu sein. Sie ist das Urteilen und Werten über die Dinge und der Glaube, dass an dem, was ist und wie es ist, etwas falsch sein könnte und du es ändern müsstest.

Der Frieden und die bedingungslose Liebe sind schon immer hier. Du kannst sie niemals erreichen, weil sie bereits deine Natur sind. Lass dich sein. Sei einfach!

Die Totalität des Seins

F: Gestern Nachmittag habe ich gesagt, dass bei mir zur Zeit alles nur leicht ist. Und gestern Abend habe ich einen Asthmaanfall erlebt, er war schwer und eng. Da war gar nichts mehr von dieser Leichtigkeit. Alles war weg.

A: Was weißt du über Schwere?

F: Es ist ein totales Scheitern.

A: Es ist wunderbar, positive und leichte Erfahrungen zu machen. Wenn du sie auf dich beziehst, fühlst du dich sicherlich gut damit und glaubst, der Verursacher für das Glück zu sein. Jetzt hast du schwere und für dich eher negative Erfahrungen gemacht. Wenn du auch diese persönlich nimmst und auf dich beziehst, fühlst du dich als Versager und schuldig. So, als hättest du etwas falsch gemacht oder nicht verstanden. Die Freiheit liegt in der Bereitschaft und Offenheit, allem und jedem zu begegnen. Die Totalität des Seins in seinem ganzen Spektrum anzuerkennen und zu sein. Nichts zurückweisen zu müssen, kein Verurteilen, kein Kampf. Hier wirst du von der Freiheit geküsst.

F: Ja, es ist schon so, dass ich glaube, wenn alles gut und leicht ist, dass ich es dann richtig mache. Und wenn es eng wird, dann mache ich alles falsch und ich weiß überhaupt nichts.

A: Der entscheidende Punkt ist, dass das Leiden aufhört, wenn der Ich-Bezug wegfällt und nicht, wenn du keine Asthmaanfälle mehr hast. Selbst die körperlichen Erfahrungen sind unpersönlich und deshalb frei.

Wenn wir Mangel an Liebe, Gesundheit oder Wohlstand erleben, fühlen wir uns meistens schuldig oder glauben möglicherweise, etwas falsch gemacht zu haben oder die Fülle nicht zu verdienen. Es scheint, als sei das Leben nicht richtig und müsse dringend geändert werden.

Ich spreche von der Natürlichkeit des Seins, die alles ist. Gegenwärtigkeit, die sich in ihrer Totalität ausdrückt als das, was ist. Sie ist der Asthmaanfall und macht nicht halt vor körperlichen Schmerzen. Sie ist alles und zeigt sich als Alles. Eine unglaubliche Offenheit und Weite, die nichts einschränkt. Das kann sich der Verstand nicht vorstellen, weil er sofort Grenzen setzt und sagt, das ist es aber nicht und so kann es nicht in Ordnung sein.

F: Du hast vorhin zu mir gesagt, dass alles unpersönlich ist und nichts mit mir zu tun hat.
Jedenfalls ist das angekommen, so direkt. Da breitet sich etwas aus, das ist unglaublich. Wie du immer sagst, die Ringe, die sich auf der Wasseroberfläche ausbreiten. Wenn kein Ausgangspunkt mehr da ist, keine Orientierung und kein Bezug – das ist so unaussprechlich, so fern von irgendeinem Begriff oder einer Zuordnung. Es scheint, als könnte das der Körper gar nicht aushalten, obwohl es gar nichts zum Aushalten gibt.

Einfach sein – an einem gewöhnlichen Abend

F: Früher wusste ich immer, was ich zu tun habe und die Tage waren verplant. Jetzt lebe ich eher in den Tag hinein.

A: Was willst du sonst machen, als zu leben und zu sein?

F: An einem Tage arbeite ich etwas und am anderen Tag mache ich nichts.

A: Ja, so ist es.

F: So ist es? Manchmal geht das gut und ein anderes Mal mache ich mir viele Gedanken darüber.

A: Das ist es auch.

F: Es stellt sich manchmal die Frage, ob ich gute Gelegenheiten versäumt habe.

A: Okay, wenn alles das Sein ist, kann dann das Sein etwas versäumen? Wenn es sich immer selbst begegnet?

F: Manchmal weiß ich auch, dass es nichts zu versäumen gibt, aber ich traue dem nicht. Es ist unglaublich.

A: Das Sein kannst du nicht glauben, weil du es bereits bist. Du kannst an Geschichten, Phänomene und Menschen glauben, weil du sie sehen und dir vorstellen kannst. Das Sein jedoch übersteigt den Horizont des Denkens. Deshalb ist ES unglaublich. Du wirst es niemals begreifen, du kannst nur darüber staunen.

– Stille –

Das Leben an sich ist ein Wunder. Es läuft nach keinem Schema ab und es gibt niemand, der es lenkt. Es ist so unmittelbar und lebendig. Darin gibt es keinen Halt, kein Verstehen und kein Wissen, wie es funktioniert.

Was willst du mehr, als einfach nur sein? Wo willst du denn hin? Lebt jemand würdiger oder besser, wenn er 10 – 15 Stunden täglich arbeitet oder sich für wohltätige Projekte einsetzt? Ist jemand, der täglich viele Stunden betet und meditiert, näher bei Gott als jemand, der raucht und trinkt? Wo ist der Maßstab, der festlegt, was ein gutes und erfülltes Leben ist?

Der sagt: So ist es richtig, das entspricht dem, wie es sein soll? Ein solcher Maßstab kann nur in jedem einzelnen Verstand zurechtgeschustert werden. Da werden wir nie einen gemeinsamen Nenner finden – wie wir es tagtäglich mit unserer Wirtschaft und Politik erleben. Innerhalb der persönlichen Geschichte gibt es keine Lösung.
Es steht außer Frage, dass es gut ist, wenn wir uns um das Wohlbefinden der Menschen und Tiere und den Erhalt der

Natur kümmern und uns dafür einsetzen. Wir sprechen hier jedoch über Das, was jenseits der Geschichte ist und Das, was die Geschichte da sein lässt.
Deshalb frage ich dich: Was willst du denn mehr, als zu sein? Sein ist das einzige, was ist.

Der Witz bei der ganzen Geschichte ist der, dass für niemanden etwas herausspringt. Wenn du stirbst, ist niemand da, der mit dir abrechnet, der dich belohnt oder bestraft für all deine Taten. Die Kirche spricht zwar vom Fegefeuer und vom Himmel, der Buddhismus von Karma und Nirvana, aber in Wirklichkeit ist da niemand und nichts. Nur Hiersein.

F: Dann kann ich doch in Saus und Braus leben und es mir gut gehen lassen.

A: Klar, wenn es so geschieht, dann ist es so und wenn nicht, dann nicht. Aber da ist niemand, der das beeinflussen kann. Es ist immer das eine Sein.

F: Das wirft gerade alles über den Haufen, was ich je gedacht habe über Einssein. Es werden Worte gesprochen und sie losen sich sofort wieder auf. Es geht über den Körper hinaus, über alles, was je gedacht oder gesehen worden ist.

Das Leben ist wie es ist

F: Ich sehe, dass das Leben selbst geschieht. Ich mache irgendwelche Dinge, die einfach so geschehen und ich lasse sie zu. Früher war ich gebremst und habe mir das seltener erlaubt. Aber bei mir hängt immer wieder ein schlechtes Gewissen mit dran.

A: Letztendlich taucht einfach schlechtes Gewissen auf, aber du bist gewohnt, es auf dich zu beziehen.

F: Wenn das weg wäre, wäre es gut.

A: Das ist ein Trugschluss. Du musst dich nicht um das schlechte Gewissen kümmern. Es taucht einfach nur in Zusammenhang mit einem gewohnten Gedankenablauf auf, den du auf dich beziehst.

F: Ich will es weghaben.

A: Das ist eigentlich unlogisch, wie du darauf reagierst. Ich erkläre deine Reaktion – einen Widerstand gegen etwas zu haben – anhand eines einfachen Beispiels:

(Nimmt ein Kissen in die Hand)
Schau, dieses Kissen ist orange und es liegt einfach hier auf dem Boden. Das setze ich mit dem schlechten Gewissen gleich. Es ist einfach da. Du glaubst, das schlechte Gewissen sollte weg sein. In unserem Beispiel bist du der Überzeugung, das orange Kissen sollte nicht hier auf dem Boden liegen. Aber es liegt hier. Mache dir bewusst, wie sehr du dich anstrengst, gegen die Wirklichkeit anzukämpfen, indem du dir einredest, das Kissen sollte nicht hier sein bzw. das schlechte Gewissen sollte verschwinden. Vielleicht ist sogar der Körper angespannt, weil Widerstand immer eine gewisse Spannung erzeugt.
Wäre es nicht natürlich, die Dinge in ihrem Sosein anzuerkennen?

F: Aber hier geht es ja nur um ein Kissen.

A: Und bei dir nur um einen Gedanken und ein Gefühl von schlechtem Gewissen. Der Gedanke hat nur einen anderen Inhalt, eine andere Geschichte.
Der Frieden liegt darin, zu sehen, dass es so ist wie es ist.

F: Es ist komisch, weil beides gleichzeitig da ist. Das Leben geschieht so leicht und schön und trotzdem ist ein schlechtes Gewissen da.

A: Weißt du, was geschehen könnte? Dass du glücklich bist und dich gut fühlst trotz des schlechten Gewissens. Der Haken ist die Vorstellung, wenn das schlechte Gewissen weg wäre, dann... wäre alles besser und gut.

Das Sein lässt sich nicht aufhalten, auch nicht von einem schlechten Gewissen.

Nur der Körper stirbt

F: Hast du Angst vor dem Tod?

A: Den gibt es nicht.

F: Na ja, wenn du das leben kannst.

A: Das kann niemand leben, wie soll das gehen?

F: ... wenn du die Einstellung hast ...

A: Ich habe weder eine Einstellung, noch eine Überzeugung.

F: Der Mensch glaubt doch am meisten an das, was er sieht und was er hat und was er wahrnimmt. Wenn ich jetzt sage, ich bin nicht der Körper, ist das schon ein Satz, der Gedanken schafft. Und wenn ich kein Ich habe und wir alle eins sind auf einer höheren Ebene...

A: Ich habe nicht von einer höheren Ebene gesprochen. Ich spreche einfach von hier sein, von dem, was ist.

F: Aber da geht derjenige hin, der seinen Körper verlässt.

A: Niemand geht irgendwo hin. Alles ist Sein, hier und jetzt. Der Körper stirbt und Sein bleibt.

F: Ich frage mich, wo die Seele hingeht.

A: Was ist die Seele? Ist da etwas im Körper, das du Seele nennst?

F: Der Körper ist meine Hülle und irgendetwas, eine Energie oder Schwingung ist in mir.

A: Es gibt nur Energie und Schwingung. Andere Worte hierfür wären Präsenz, Gegenwärtigkeit oder Sein. Die Energie ist absolut grenzenlos und unvorstellbar. Sie drückt sich zum Beispiel als Körper aus. Und wenn der Körper stirbt, dann zerfällt das Grobstoffliche und zersetzt sich. Energie bleibt. Das Sein ist endlos, es wurde nie geboren und stirbt deshalb auch nicht.

F: Wir Menschen sind doch so konzipiert, dass wir glauben, wir seien die Person und der Körper. Deswegen fühlt man sich auch oft getrennt und gespalten. Und der Tod ist doch der Lernprozess, wo etwas auf einer anderen Ebene stattfindet.

A: Alles findet hier statt und nicht woanders. Es findet jetzt hier statt. Es gibt kein Morgen und kein Woanders, kein Zweites und kein Außerhalb.

F: Aber ich bin doch manifestiert...

A: Du bist freies Sein. Das ist so eine lebendige vibrierende Energie – einfach unbeschreiblich.

F: Auch wenn der Körper stirbt und du der Körper nicht bist, gehst du dennoch gut mit deinem Körper um? Das findest du sicherlich auch wichtig, oder?

A: Es geschieht was geschieht. Ich gehe gut mit dem Körper um, aber ich weiß nicht, ob ich das nachher auch noch tue. Ich habe keine Garantie. Da ist kein Konzept und keine Idee, nach der ich lebe.

Du bist nicht der Körper

Der Körper ist dem Wandel der Zeit unterworfen. Du kannst wahrnehmen, wie der Körper sich verändert und älter wird. Er wird geboren und nach einer gewissen Zeitspanne stirbt er wieder. Du kannst der Körper nicht sein, weil du ihn ja siehst und wahrnimmst. Es muss also etwas Größeres und Konstantes geben, das vor dem Körper ist und über ihn hinausgeht. Das ist Bewusstsein. Durch das immerwährende Bewusstsein kannst du dir eines Körpers gewahr sein. Du bist Bewusstsein, das wahrnehmende Prinzip, und nicht der Körper. Alles, was du denken und über die Sinne sehen, tasten und fühlen kannst, wird von Bewusstsein und im Bewusstsein wahrgenommen. Es sind Erscheinungen, die kommen und gehen. Wenn es kein Bewusstsein gibt, kann auch keine Erscheinung wahrgenommen werden.

Der Körper kann aus sich heraus kein eigenständiges Leben führen und ist deshalb auch nicht abgetrennt von dem Einen. Was in dem Einen erscheint, kann nicht unabhängig und autonom existieren, weil es der absolute Ausdruck des Einen ist.

Wenn aus Nichts ein Jemand entsteht, so muss dieser materiell sichtbar und berührbar sein. Für den Ich-Gedanken dient die Manifestation – vor allem der Körper – als Beweis, dass er als Person und Geschichte doch existiert. Denn wir können den Körper und die Materie sehen, fühlen und wahrnehmen. So wird der bloße Ich-Gedanke in Beziehung zum Körper gebracht und wir glauben: Ich bin der Körper.

Körperliche Phänomene

Während meiner sogenannten „Befreiungsphase" traten immer wieder körperliche Phänomene auf. Manchmal wurde ich von schwerer Müdigkeit und Energielosigkeit überfallen, die mir unerklärlich waren, weil ich zu jener Zeit nicht arbeitete. Ich konnte mich kaum sportlich betätigen oder anderweitig aktiv sein, was für den Verstand völlig unverständlich war. Es schien, als würde die gesamte Energie für diesen einen Prozess benötigt. Es gab Phasen, in denen an verschiedenen Körperstellen Schmerzen auftraten. Ich beobachtete, wie ich sie weghaben wollte und Widerstand gegen sie aufbaute. Meistens verstärkten sie sich und blieben bestehen. Dann lud ich sie ein und ließ mich auf sie ein. Manchmal verschwanden sie dann und ein andermal blieben sie. Immer wieder wurde mir bewusst, wie automatisch Abwehr und Abneigung gegen unangenehme Gefühle und Körperempfindungen auftauchten. Mit der Zeit wurde offensichtlich, dass ich Empfindungen im Körper wahrnahm, die ich nicht mit irgendwelchen Aktivitäten oder Geschehnissen in Verbindung bringen konnte. Sie kamen und sie verschwanden irgendwann wieder. Als Therapeutin war ich gewohnt, solche körperlichen Sensationen in Beziehung zum Ich zu bringen und ihre Bedeutung zu hinterfragen. Als sich die Identifikation mit dem Körper allmählich löste, wurde klar gesehen, dass Schmerzen im Bewusstsein auftauchen. Ich konnte sie nicht mehr lokalisieren. Sie tauchten im unbegrenzten raumlosen Sein auf. Die Geschichten, die ich bisher zum Schmerz kannte, waren nicht mehr vorhanden. Schmerz war einfach eine Empfindung, die im Bewusstsein wahrgenommen wurde, ohne Bedeutung und ohne Geschichte. Es war nicht mehr möglich, ihn in Zusammenhang mit der Person zu bringen. Wenn sich jedoch der Verstand einschaltete, ordnete er den Schmerz einer Körperstelle zu. Dann war es ein Nackenschmerz oder ein Gelenkschmerz. Das Auftauchen von körperlichen Empfindungen hat mit niemandem zu tun, weil es keinen Besitzer für den Körper gibt und kein Ich, das für ihn verantwortlich ist. Welche Erleichterung, dass nichts falsch ist und ich nicht schuldig bin, wenn der Körper weh tut oder nicht so gut funktioniert. Welche Freiheit, wenn Schmerz einfach ist, ohne Geschichte. Das heißt nicht, dass Schmerzen nicht mehr weh tun. Sie werden nach wie vor gespürt und behandelt oder nicht behandelt.

Wer ist es, der leidet?

A: Wie auch immer sich das Leben im Moment zeigt, es ist durchdrungen von Stille und Frieden. Grenzenloses freies Dasein. Sobald jedoch das Ich-Gefühl und das Denken ins Spiel kommen, scheint es, als würde es um etwas gehen. Aus der Freiheit wird Begrenzung, aus Sein wird Ich, aus Lebendigkeit wird Kontrolle und aus Nichts entsteht eine ganze Welt. Das scheinbare Ich fühlt sich verantwortlich für das Leben und glaubt, sich um alles kümmern zu müssen.

F: Wenn man involviert ist, kann man nicht sehen, dass man das alles nicht ist. Alles was ich weiß, sind dann auch nur Gedanken und das bringt mir nichts. Die Idee taucht auf, dass es so nicht sein soll. Aber selbst diese Gedanken kann ich nicht stoppen. Es ging mir in den letzten Tagen richtig schlecht und ich hatte keinen Einfluss darauf. Dann machte es so (schnalzt mit dem Finger) und einen Taglang war alles verschwunden, obwohl ich vorher nichts getan hatte.

A: Ja, da ist niemand, der etwas tun kann und tun muss. Was es so schwer macht, ist zum einen, dass du die Gedanken und Gefühle auf dich beziehst, obwohl da niemand ist. Zum anderen glaubst du an die Idee, dass es so nicht richtig ist. Du hast sicherlich schon unangenehme Situationen erlebt, in die das Ich nicht so stark verwickelt war – und es war einfach okay. Frieden stellt sich nicht erst ein, wenn die Probleme verschwunden sind. In der Totalität dessen, was ist, ist Freiheit und Frieden. Selbst die Idee, etwas sei falsch, ist kein Problem, wenn sie einfach als Idee gesehen wird.

Wir können dem Leben nicht entkommen. Es tauchen Dinge auf, sie überfallen dich scheinbar und verschwinden wieder. Vielleicht konntest du dich früher ablenken, um es nicht spüren zu müssen. Aber jetzt weißt du, du kannst nirgendwo hingehen, weil alles dieses Eine ist. Wo gibt es ein besseres Sein, einen besseren Zustand und einen besseren Ort? Alles ist Das.

F: Ich habe das ähnlich erlebt, nur körperlich. Ich hatte solche Schmerzen. Ich spürte, dass ich nichts machen konnte und war ausgeliefert und hilflos. Die Schmerzen tauchten aus dem Nichts auf, so direkt, und machten sich breit.

A: Diese Meetings vermitteln kein Konzept, wie wir den Schmerz loswerden. Schmerz ist das was ist, ein Ausdruck des nackten Lebens. Was auch immer damit gemacht wird, zum Arzt oder Heilpraktiker gehen, nichts tun, oder eine körperliche

Behandlung wie z. B. eine Massage geben lassen... ist das, was geschieht. Manche sind der Überzeugung, du müsstest etwas erkennen oder die Schmerzen seien die Folge irgendeines Fehlverhaltens. Diese Überzeugungen sind alle vollkommen in Ordnung, doch letztlich sind sie Teil der persönlichen Geschichte. Da ist niemand, dem der Schmerz gehört oder der für ihn verantwortlich wäre. Der Schmerz ist eine körperliche Empfindung, die total erfahren wird. Wenn sich kein Denken darüber legt, weißt du nichts über den Schmerz. Sobald die Geschichte über den Schmerz losgeht, wird Widerstand aktiviert und alles, was du darüber weißt, taucht auf. Wir haben sicherlich gelernt, dass der Schmerz nicht da sein sollte – dass er unbedingt verschwinden muss. Und unter dieser Idee leidest du. Doch Freiheit ist hier und jetzt – trotz Schmerz.

Wenn wir in Meetings über das freie Sein sprechen, stellt sich natürlich unweigerlich die Frage, warum es Leid gibt. Wie ist es möglich, dass sich das Sein in Form von Armut, Hunger, Gewalt und Schmerzen ausdrückt und es zulässt, dass Menschen leiden? An dieser einen Frage beißt sich der Verstand gerne fest und verhindert, dass gesehen wird, was tatsächlich ist.

Wenn du wirklich am Phänomen des Leidens oder vielmehr am dauerhaften Frieden interessiert bist, dann suche denjenigen, der leidet und Leid sieht. Solange eine Person existiert, gibt es Leiden. Wenn du von einem separaten Individuum ausgehst – das an sich illusionär ist – machst du das allumfassende Sein zum Objekt, das getrennt von dir ist.
Diese Trennung muss als falsch und unwirklich durchschaut werden. Du entkommst dem nicht, solange du glaubst, eine Person zu sein. Das Absolute ist unberührt von Leiden, Sorgen und Ängsten. Es ist Das, in dem das Leiden erscheint und es ist Das, das als Leidender erscheint. Wenn du nicht mehr hypnotisiert bist von diesem Traum, kann sich freies Sehen ausbreiten. Dann ist klar, dass es nur dieses Eine gibt und es ist dir nicht mehr möglich, in diesem göttlichen Lebensspiel etwas Falsches zu sehen. Dein Wesen ist reines Sein, weil Das alles ist. Aber als Person wirst du das Leiden nie verstehen noch akzeptieren können.

Du und die Welt – alles nur relativ?

In der Pause eines Meetings diskutierten verschiedene Teilnehmer über den Tod, Nahtoderlebnisse und das Leben.

F: Du hast gesagt, was nach dem Tod bleibt, ist das Sein. Beziehst du das auf diese Energie, die übrig bleibt oder die Geschichten, die den Toten ausgemacht haben und wie er gelebt hat?

A: Man kann es Energie oder Bewusstsein nennen, aber es ist völlig unpersönlich. Wenn der Körper stirbt, bleibt nichts Persönliches zurück, nur Bewusstsein. Das ist das einzige, was ist. Wenn beispielsweise ein Angehöriger stirbt, dann kannst du dich nur noch an ihn erinnern, d. h. du denkst ihn. In Wirklichkeit ist da nichts.

F: Ich erlebe es so, dass ich mich manchmal an Tote erinnere und wie sie gelebt haben, und manchmal erlebe ich deren Energie in mir.

A: Weißt du, alles, was ihr über den Tod und die Toten gesprochen habt, findet innerhalb der Geschichte statt. Auf dieser relativen Ebene gibt es Phänomene und einen scheinbaren Jemand, dem das alles widerfährt. Es ist jedoch so, dass die Geschehnisse im Moment auftauchen und wieder verschwinden. So, wie ein Teilnehmer vorhin sein Nahtod-Erlebnis erzählt hat: Er kann jetzt nur eine gedankliche und emotionale Verbindung zu diesem Ereignis herstellen. Aber das Ereignis selbst ist vorbei. Phänomene, persönliche Geschichten und der körperliche Tod tauchen im Sein auf und sind deshalb vergänglich. Das absolute Sein, von dem ich hier spreche, ist jenseits von Erfahrungen und Denken. ES hat keinen Anfang und kein Ende, deshalb kann es weder erreicht werden, noch verloren gehen. Es ist das Immerwährende.

F: Ich bin davon überzeugt, dass wir von Generation zu Generation die Geschichten übertragen und auch einen großen Einfluss auf Menschenrechte und ethische Dinge haben, dass Menschen sich gegenseitig achten und in Frieden miteinander leben können. Ich glaube, dass meine Tochter auch von uns vieles übernimmt oder eben nicht übernimmt. Das ist doch eine Art Übertragung. Das kriege ich nicht zusammen mit dem Sein.

A: Das kriegst du auch nicht zusammen mit dem Sein, weil es eine Geschichte ist, die im Sein erscheint. Auf der relativen Ebene gibt es einfach alles, Phänomene, Übertragungen, Erziehung, Regeln, Pflichten, Ethik etc.
Aus der Sicht des freien Seins ist klar, dass da niemand ist. Alles geschieht, wie es eben geschieht. Aber niemand hat Einfluss darauf und niemandem geschehen diese Dinge. Gehst du aber von einem Phantom-Ich aus, scheint es, als könnte man erziehen, übertragen, beeinflussen, lernen und sich entwickeln. Das Spiel des Lebens scheint sehr real zu sein.

F: Du hast vorhin von Phänomenen gesprochen. Es gibt religiöse und spirituelle Menschen, die Fähigkeiten haben und Dinge bewirken. Sind das alles Geschichten? Wenn jemand an Gott oder Buddha glaubt, sind das Geschichten von Buddha, die wir brauchen zum Leben?

A: Brauchst du jetzt im Moment eine Geschichte?

F: Nein brauche ich nicht, aber...
Würde das heißen, dass Glauben, Ethik, Traditionen, Spiritualität und Heerscharen Illusionen sind?

A: Es sind die Inhalte der scheinbaren Geschichten.

F: Das ist für mich zunächst ein bedrohliches Gefühl und eine Ernüchterung. Mir haben die Geschichten sehr viel Halt gegeben und geben mir heute noch Halt, meinen Weg zu gehen. Mein Verstand lässt im Augenblick nicht zu, dass das alles nur eine Geschichte sein soll. Das ist wie freier Fall, haltlos.

A: Erwachsen sein und aus dem Traum erwachen beginnt damit, nicht nur Lehren und Methoden zu übernehmen, sondern sie

auch einmal wirklich zu hinterfragen. Du lässt zu, was ist und kriegst mit, wie deine Konzepte bedroht werden. Du siehst, wie das gewohnte Denken und dein ganzes Ich-Konstrukt ins Wanken geraten, weil sie hinterfragt werden oder weil du sie selbst in Frage stellst.
Du verspürst Angst, dass dir die gewohnten Gedanken, die dir bisher scheinbar Halt und Sicherheit gegeben haben, abhanden gehen könnten, wenn du weiter erforscht und genauer hinschaust.

F: Was mein Verstand im Augenblick gar nicht zulässt, ist das, was ich jede Woche erfahre in meinen Meditationen und sonst im Leben – dass dies alles Schall und Rauch ist.

A: Das wird der Verstand niemals anerkennen, dass alles, was dir widerfährt, unbedeutend und unpersönlich ist.

F: Das wird ja auch mühsam aufgebaut, das ist echte Arbeit.
Ich habe noch eine Frage: Würde das bedeuten, dass die ganzen Heiler, die die Fähigkeit haben, andere zu heilen, eine Illusion sind?

A: Sie sind das, was innerhalb der Geschichte abläuft. Da gibt es scheinbar Menschen, die andere Menschen heilen. In Wirklichkeit gibt es aber niemand, der jemanden heilt. Sein heilt sich selbst oder nicht.

F: Das würde bedeuten, dass es sich von selbst ergibt, ob kranke Leute zu einem Heiler gehen oder nicht?

A: Klar, das bezieht sich aber auf alles, nicht nur aufs Heilen.

F: Wer bestimmt den Plan? Du hast vorhin gesagt, es geschieht oder es geschieht nicht.

A: Wenn wir über die Geschichten reden, kommen das Denken und der Zeit-Faktor mit ins Spiel. In Wirklichkeit ist einfach das, was ist. Hiersein.

V. Verliebtes Dasein

Ausdehnung in die Unendlichkeit des Seins

Mit Hilfe eines Bildes zeige ich auf, wie das freie Sein verwechselt wird mit dem illusionären Ich- Empfinden, das sich als scheinbare Wahrheit durchsetzt:

Das bewusste zeitlose Sein ist vergleichbar mit einem grenzenlosen Ozean. Seine Ursubstanz ist Wasser, uneingeschränkt, ohne Anfang und ohne Ende. Auf der Wasseroberfläche bildet sich eine Welle, die sich als separates Ich wahrnimmt. Sie hat Freude daran, sich als Individuum kreativ auszudrücken. In jedem Moment nimmt sie andere Formen an und gestaltet sich neu. Das gibt ihr das Gefühl, Schöpfer und Handelnder zu sein.
Es bilden sich eine zweite und eine dritte und unendlich viele Wellen. Die eine Welle blickt zu den anderen Wellen. Sie findet Gefallen an ihrer Individualität und Einzigartigkeit, weil sie sich dadurch von den anderen unterscheidet. Alles, was sie nun sieht – seien es die anderen Wellen oder auch der unendliche Ozean – wird zu ihrem Gegenüber, zum Objekt. So drückt sich Trennung aus.

Wenn wir als Körper identifiziert sind, erfahren wir uns wie die Welle, die sich als individuelles Wesen wahrnimmt und erlebt. Diese Welle erkennt sich nicht als ihre Ursubstanz – das endlose Wasser. Stattdessen versucht sie, als begrenzte, einzelne Welle etwas Besseres aus sich zu machen, und sie will als getrennte Welle bleiben. Das Getrenntsein führt – bewusst oder unbewusst – zu einem permanenten Gefühl des Mangels, den sie durch besser Sein, gesehen Werden, geliebt Sein und vor allem: Jemand Sein, auszugleichen versucht.

Wenn Erwachen und Befreiung geschieht, ist unwiderruflich klar, dass alles das Eine ist. Die Welle weiß, dass ihre Ursubstanz Wasser ist. Sie dehnt sich aus in die Unendlichkeit des freien Seins, das sie ist. Trotzdem wird der Ausdruck der Welle bleiben – sie kann das Einssein von nun an nur nicht mehr leugnen. Sie erscheint zwar als begrenzte Welle, in Wirklichkeit ist sie jedoch unbegrenztes Wasser und zeitloses Sein. So wie sich der Ozean zu einer Welle kontrahiert und dann wieder ausweitet, so zieht sich auch das Sein zu einer Person zusammen und dehnt sich wieder aus in die Unendlichkeit. Egal, ob Kontraktion oder Ausdehnung, die freie Gegenwärtigkeit des Seins bleibt.

Übergang von der Form in die Formlosigkeit

Ich begleite spontan eine Freundin, die ihren Hund zum Tierarzt bringt. Der Hund war krank und es war ungewiss, ob es noch eine Chance auf Heilung geben würde oder ob der Hund eingeschläfert werden muss.

Jetzt liegt der Körper des Hundes auf dem Behandlungswagen – tot. Noch vor ein paar Stunden war er voller Lebendigkeit und schaute uns mit großen wachen Augen an. Und dann ist da keine Bewegung mehr, keine Reaktion, nichts. Niemand ist mehr da. Stille, Leere, Traurigkeit.

Aber war denn jemals jemand da?
Es ist nicht ganz richtig, wenn ich sage, dass da niemand ist: Ein Niemand setzt einen Jemand voraus. Aber es existiert kein Jemand, weil es nichts Separates gibt. Vor dem Hundsein ist das Sein unendlich und formlos. Als Hund nimmt es eine Form an und begrenzt sich scheinbar auf diesen Tierkörper. Es drückt sich vollkommen hundisch aus, es frisst, rennt herum, wedelt mit dem Schwanz und bellt. Das ist Bewusstsein in Bewegung, in purer Lebendigkeit, es manifestiert sich als Materie und als Tier. Nach einer gewissen Zeitspanne wird die Kontraktion wieder gelöst und geht über in die Formlosigkeit. Wer ist also gestorben? Nichts und niemand. Nur der Körper zerfällt und wird von der Erde wieder zurückgenommen. Es gibt keinen Tod, weil niemand vorhanden ist, der sterben könnte.

Was ich hier über einen Hund schreibe, bezieht sich auch auf den Menschen. Es ist dasselbe Prinzip. Ich schreibe einfach nur deshalb über einen Hund, weil es gerade geschehen ist.

Warum haben wir Angst vor dem Tod?
Wir sterben in jedem Augenblick und werden wieder neu geboren. Jede Nacht sind wir nicht mehr und am Morgen erscheinen wir wieder neu. So ist also nichts von Dauer. Alles was du sehen und erfahren kannst, ist vergänglich. Es kommt und geht. Was bleibt, ist Das, in dem das alles erscheint. Dies ist die einzige Wirklichkeit, die dauerhaft ist. In der leeren Stille taucht die Welt auf und erlischt wieder im Nichts.
Hast du je einen Augenblick zweimal erlebt? Es ist nicht möglich. Kein Atemzug gleicht dem anderen. Was jetzt ist, wird nie wieder sein. Jetzt, der Moment... schon ist er vorbei. Du kannst ihn niemals wissen, weil er schon vorüber ist. Bis der Wissende auftaucht und etwas über ihn weiß, ist der Augenblick längst vorbei. Über ihn zu reden, bedeutet, über Vergangenes und Totes zu reden. In der Gegenwärtigkeit kann nichts und niemand überleben, man kann sie nur sein.

Was wir Tod nennen, ist in Wirklichkeit nur ein Übergang. Ein Übergang von Form in Formlosigkeit, von Materie in Nicht-Materie, von persönlichem Bewusstsein ins All-Eins-Bewusstsein. Es ist nicht so, dass vorher jemand da ist, der nachher nicht mehr da ist. Das unendliche Sein hat sich lediglich als Tierkörper oder als Mensch kontrahiert und dehnt sich dann wieder aus. Wenn das Sein „Hund ist", ist es nicht plötzlich auf einen Körper begrenzt. Das würde heißen, die Haut wäre die Grenze und alles, was darüber hinausgeht, wäre Nicht-Sein, also getrennt davon. Eine solche Trennung ist aber nicht möglich, weil es nur Das gibt, die Einheit. Und diese Einheit erscheint als Hund, aber sie kann nicht von sich selbst abgetrennt sein. Das Formlose erscheint als Form und bleibt trotzdem immer formlos. Die unendliche Weite erscheint als begrenzte Person, sie macht aber nicht halt an der sichtbaren Hautgrenze, sondern geht darüber hinaus. Sie bleibt trotz der Begrenzung als Körper unbegrenzt und unendlich.

Das Sein als Hund unterscheidet sich nicht von dem Sein als Ich und dem Sein als Du. Das, was der Hund ist, ist auch Das, was der Baum da draußen ist. Das ist auch die Luft, die wir atmen und Das ist auch der Wind, der durch dein Haar streicht. Das ist das, was gerade das Buch in den Händen hält und liest und Das ist auch das, was das Buch geschrieben hat.

Die alldurchdringende Gegenwärtigkeit des Seins offenbart sich jederzeit in seiner vollkommenen Schönheit. Gerade noch war hier das Sein in Form eines Hundes und schon löst sich die Hund-Form wieder auf. Die Weite des Seins ist immer hier, trotz der Formen und Körper. Ausgedehnt und still als Nichts, manifestiert sich das Sein als Alles. Welch großartiges Mysterium! Das zu sehen, lässt uns stammelnd nach Worten suchen. Ich würde es vielleicht Liebe nennen, doch was heißt schon Liebe? Es löst eine Art Glückseligkeit aus, doch was ist schon Glückseligkeit? Ich würde es pure Sattheit und Erfüllung nennen, doch was wissen wir schon über es? Es lässt sich nicht in Worte fassen.

Es ist das Auge Gottes, das sich selbst nie sehen und begreifen kann. Es ist immer neu und offen. Es ist die Abwesenheit eines Wissenden und die vollkommene Anwesenheit von Leben. Es raubt mir den Atmen und lässt mich mit offenem Mund und offenem Herzen einfach nur staunen.

Das Sein drückt sich in unendlich vielen Formen und Körper aus und ist doch immer still und erfüllt als Nichts. Wie der Ozean – unendlich weit, tief und grenzenlos – ist auch deine Natur, das Sein. Auf der Oberfläche bilden sich Wellen, das Sein kontrahiert sich als Person und jede Nacht dehnt es sich wieder aus... und wo bist du? Morgens spielt es dich wieder, es spielt das Universum und die Welt mit allem, was dazugehört. Es lässt keine Bewegung aus, es ist total und kompromisslos. Es ist vollkommen, denn es ist immer das, was ist. Es ist, was du bist, mit der ganzen Geschichte, es ist, was Schmerz ist, es ist, was Leiden ist, es ist, was Körper ist, es ist, was Lachen ist, es ist, was verliebt sein ist, es ist, was Schreiben ist, es ist, was Joggen ist, es ist, was Hund und Katze ist, es ist, was Dschungel ist, es ist, was Wüste ist, es ist, was Politiker sind und es ist, was Bettler ist. Es ist Das und erscheint als Begrenzung, als Materie und Form.
Alle diese Erscheinungen sind nur möglich, weil das leere stille Sein sich in jedem Moment als Alles füllen lässt.

Das Sein blickt immer nur auf sich, auch wenn es nichts über sich weiß. Egal, in welche Augen du blickst: Du siehst nur dich. Schau wohin du willst: Du triffst immer nur auf dich. Du kannst nicht vor dir weglaufen, denn das alles bist du.
Das Sein blickt dich permanent an: Es schaut dich an als blauer Himmel, es schaut dich an als Sonne und Mond, es berührt dich jeden Morgen als das Wasser unter der Dusche und es hüllt dich jede Nacht als deine wärmende Bettdecke ein. Das Sein blickt dir entgegen, wenn du in den Spiegel schaust. Es sind die Augen des Seins, zu denen du Ich sagst. Das Sein begegnet dir als Nachbar, Freund und Feind, als Kind und alter Mann. Es berührt deine Hand, wenn es dich als Freund begrüßt und es stößt dich ab, wenn der andere sich von dir abwendet. Der Sehende, das Gesehene und das Sehen sind nicht verschiedenen voneinander, sie sind Das.

Wenn du das zutiefst verstehst, kann es dann noch irgend einen Ort oder Zustand geben, der besser wäre als das was ist, hier und jetzt? Würdest du noch etwas suchen müssen, wenn du wüsstest, ich bin Das schon?
Du kannst nicht verloren gehen, du kannst nicht außerhalb sein, du kannst nicht abgetrennt sein – du kannst das nur denken. Du bist immer schon hier zu Hause.

Widerstand – *Ich* widerstehe dem Leben

Obwohl Widerstand bei vielen Menschen eine sehr unangenehme Begleiterscheinung ist, ist er uns doch so vertraut. Im Widerstand zu sein bedeutet Kampf und Krieg. Wenn wir gegen das Leben, den Ist-Zustand angehen, müssen wir enorm viel Kraft und Spannung aufbringen. Es liegt in der Natur des Verstandes, nein zu sagen zum Leben, zu kämpfen und Krieg zu führen, weil er es immer anders haben will, als es ist. Er kann nicht ja sagen und einverstanden sein, weil er dann keine Rolle mehr spielen würde. Er vermittelt uns fortlaufend das Gefühl, anders wäre alles besser: Wir sind nicht am richtigen Ort und mit den falschen Menschen zusammen und wir hätten alles anders regeln sollen. Die Freiheit sollte sich anders anfühlen und die Erleuchtung sollte sich endlich einstellen.

Wir nehmen eine Anti-Haltung ein, die gegen das Leben ist, gegen uns, gegen die Liebe, gegen den Frieden, gegen das Glücklichsein, gegen die Mitmenschen, gegen Gott.

Nehmen wir an, es taucht Wut auf, weil wir gerade Ablehnung erfahren haben. Normalerweise taucht dann sofort Widerstand gegen die Ablehnung und natürlich auch gegen die Wut auf. Aber das reicht nicht: Wir sind auch noch im Widerstand gegen den Widerstand. Und das alles fühlt sich verdammt noch mal überhaupt nicht gut an. Der Körper ist angespannt und verkrampft und wir möchten nur noch weg von diesem Gefühl und von dieser Situation.

Die Einladung besteht – jetzt im Moment – einfach mal mit dem zu bleiben, was ist. Das Schöne ist, dass gar nichts Schlimmes passiert, wenn Ablehnung da ist und auch die Wut kann man gut überleben. Sie ist einfach das, was im Moment auftaucht. Das ist, als würden Wellen an der Oberfläche tosen und sich wild aufbäumen, und irgendwann beruhigen sie sich wieder. Das ist alles.

Es ist möglich, dass die totale Offenheit und Bereitschaft da ist für das was ist: Ablehnung zu erfahren, wütend sein, schreien wollen, verlassen werden, tanzen, jubeln, jemanden umarmen... Es ist möglich, einfach mal den Mut zu haben, auf das Pseudo-Ich (das sowieso nicht existiert) keine Rücksicht zu nehmen und einfach zuzulassen und direkt mitzukriegen, was ist. Eine unglaubliche Welle der Befreiung und des Glücklichseins könnte dich durchströmen, weil die Grenzen von Kontrolle und Widerstand wegfallen und du verliebt bist in das, was ist.
Und weißt du was: Das ist vollkommen unabhängig von den Umständen und Gegebenheiten. Deine Natürlichkeit ist in totaler Übereinstimmung mit dem Leben, denn du bist das Leben. Das Leben gibt sich an sich selbst hin und darin liegt das pure Glück, die reine Freude und Zufriedenheit.

Verliebt sein in Das

Ich habe mich im Leben des öfteren gefragt, was wohl Liebe ist. Ich sehnte mich sehr nach Liebe, erlebte mich aber nicht als besonders liebesfähig. Schon als Kind wußte ich, dass Liebe, die an bestimmte Verhaltensweisen, Bedingungen und Erwartungen gebunden ist, nicht wirklich Liebe sein kann. Immer wieder bemühte ich mich um Liebe und stieß dabei an Grenzen. Deshalb war sie meistens nur von kurzer Dauer.

Was aber ist dann Liebe?

In mir tauchte immer wieder der Satz auf: Gott ist Liebe. Dabei spürte ich etwas Allumfassendes, etwas, das alles einschließt und alles ist. Das stand aber im Widerspruch zu dem, was ich gelernt und erfahren habe. Mir wurde immer klarer, dass in meinem Verständnis – was Liebe betrifft – ein großes Missverständnis vorliegt. Solange ich mich als Person erlebe, kann ich unmöglich bedingungslos lieben: das Person-sein selbst ist ja die Wurzel von Trennung. Liebe aber ist Einheit. Wer für mich bedingungslose Liebe verkörperte, das war Jesus. Wenn ich an seine Gegenwart dachte, spürte ich etwas Größeres, etwas, das über das Person-sein hinausging.

Wenn Gott alles ist und wenn Gott Liebe ist, wie könnte dann etwas existieren, was nicht Liebe ist? Wie könntest du nicht Liebe sein?

Die Manifestation des Seins ist der pure Ausdruck von Liebe. Alles, was wir ablehnen, verurteilen und von uns abtrennen, drängt wieder zurück nach Hause, in die Liebe. Konditionierungen, festverankerte Glaubenssätze und Vorstellungen hindern uns, die Liebe in allem und jedem zu sehen. Die Liebe lässt sich jedoch nicht aufhalten, sie ist unentwegt da, trotz geistigen Hindernissen und Widerständen – trotz dir.

Liebe lässt sich nicht in ein Konzept packen. Trotzdem ist dieses Buch eine Liebeserklärung von Sein zu Sein. Es sind zwar Worte, die geschrieben und gelesen werden, aber das, worauf sie hindeuten, geht über die Worte und das Verstehen hinaus.

Weißt du, dass du schon immer in Liebe bist? Dass es nichts anderes gibt als Liebe? Du wirst in jedem Moment von dieser wunderschönen, geheimnisvollen, unerklärlichen Liebe berührt. Sie benutzt Worte, obwohl sie mit keinem Wort beschrieben werden kann. Sie ist dieser Augenblick – jetzt – jetzt – jetzt – über den du nichts wissen kannst. Sie ist absolute Offenheit für das was ist und das, was nicht ist. Diese Liebe lädt sich immer selbst ein als das, was sie ist. Sie ist traurig und enttäuscht sein wegen einer schlechten Nachricht, sie ist sich freuen über einen unerwarteten Besuch. Sie ist ein Abschied von einem lieben Menschen, mit Schmerzen im Bett liegen und keine Linderung erfahren, im Sterben liegen. Sie ist das Schnurren einer Katze, der Tautropfen auf dem Grashalm, die Berührung der Finger auf den Tasten, das Knistern des Feuers im Kaminofen, ein verletzendes Wort, Demonstrationen und Kämpfe in Ägypten, Libyen und anderen Ländern, hungernde Menschen in Afrika, Selbstmordattentäter in Afghanistan und das Lächeln eines Kindes.

Das kann aber niemals Liebe sein, wird der Verstand sogleich sagen. Mit Recht. Denn sobald das Denken auftaucht, spalten wir alles in zwei Seiten auf: das eine ist gut, das andere ist schlecht. Das eine ist Liebe, das andere ist nicht Liebe. So zu denken, ist bereits Krieg. Wie willst du zwei Seiten auf einen Nenner bringen? Das geht nicht. Das ist Spaltung und Trennung. Doch Gott ist alles, Gott ist Liebe.

Lass dich einladen, einfach mal hier zu sein. Du kannst ja gar nicht anders, als hier sein. Sitzend, liegend, umhergehend. Mitbekommen wie ES atmet. HIER ist etwas Größeres und Weiteres, eine Art endloser Raum, in dem das Leben stattfindet. In ihm taucht ein Körper auf, in ihm taucht auf, dass eine Hand zur Tasse Tee greift, dass Worte gelesen oder gesprochen werden. Alles, was auftaucht, löst sich auch schon wieder auf. Für einen Moment ist es da – und schon wieder weg. Doch etwas bleibt. Etwas, das sich all dessen gewahr ist; etwas, das mitbekommt, was hier im Moment vor sich geht. Dieses Etwas ist nichts anderes, als der weite endlose Raum, in dem alles erscheint. ES ist still und leer, wie ein weißes Blatt Papier. Es ist einfach da und lässt sich beschreiben und bemalen mit allem. Es ist so offen, dass es alle Gedanken und Erscheinungen, die auftauchen, zulässt. Es sondert nichts aus. Es sagt nicht: „Das ist aber nicht vertrauenswürdig, das ist nicht ethisch genug!“ Nein, es ist einfach da und lässt sich erfüllen als dich und mich und als die ganze Welt. Es ist eine Liebeserklärung an sich selbst, in jedem Augenblick, weil es ist, was es ist – ohne zu wissen, was es ist. Sobald du versuchst, diese Liebe einzufangen, scheint sie keine Liebe mehr zu sein. Doch auch das ist Liebe. Es gibt keine Ritze, die sie nicht ausfüllt und kein Ding, das sie nicht ist. Sie löst sich auf in jedem Wort, sie ist unbegreiflich und grenzenlos. Wenn du versuchst, sie zu beschreiben, hinterlässt sie einen Haufen leerer Worte, denn sie steht vor jedem Wort, zwischen den Zeilen, hinter ihnen, vor ihnen, über ihnen, unter ihnen und sie ist jedes Wort, obgleich sie sich schon wieder aufgelöst hat.

Ich schreibe hier nichts Neues über die Liebe. Du kennst sie, du bist Liebe durch und durch, auch wenn alles in dir rebelliert oder glaubt, das sei zu einfach, das könne keine Liebe sein. In der Tiefe deines Herzens weißt du sie, kennst du sie, denn sie ist deine Natur. Sie ist Das, was dich nach Hause bringt, immer hier, immer jetzt, immer so, immer Das, alles mit offenen Armen empfangen, bedingungslos Ja zu allem, selbst zum Nein. Diese Liebe kennt keinen Unterschied zwischen Besser und Schlechter, zwischen Arm und Reich, zwischen Schwarz und Weiß. Ihr ist alles recht, ihr ist alles das Beste und Schönste. Sogar der Dreck auf der Straße ist sie, sogar er spiegelt ihre Schönheit wider. Ist das nicht verrückt?
Das ist nur möglich, weil sie nichts weiß, weil sie nicht denkt und nichts aufspaltet. Aber sie schließt das Denken mit ein, auch das Aufspalten und Trennen sind ihr willkommen, weil bei ihr alles nach Hause kommt. Du kannst verrückt werden an ihr, weil du nichts außerhalb von ihr findest, weil sie keine Grenze kennt und weil du sie niemals verstehen wirst.

Sie erlaubt dir, grenzenlos zu sein, bedingungslos zu lieben und nichts mehr zurückzuweisen. Sie gestattet dir ein vollkommen entspanntes Dasein, lässt dich grundlos glücklich sein. Sie stellt sich jederzeit als Nichts und als Alles zur Verfügung, einfach so, ohne dass sie anschließend mit dir abrechnet. Ihr wohnt ein Zauber inne, der dich nur noch staunen lässt wie ein Kind: alles immer das erste Mal sehen und erleben.

Du darfst dich in ihr verlieren, dich vollkommen auflösen und niemand sein, weil du alles bist. Du darfst bei ihr immer genau so sein, wie du bist und alles darf sein, wie es ist. Sie ist wie ein offenes Buch, das niemand lesen und verstehen kann, das aber immer zugänglich ist für jeden. Sie lässt dich so einverstanden sein mit dem Hier, dass du nichts anderes mehr willst. Dann lösen sich die Grenzen von hier und dort einfach auf und du bist hier und dort und Das. Das vollkommene Einverständnis löst die Trennung auf zwischen dem, was ist und demjenigen, der einverstanden sein könnte.

Wer hätte je gedacht, dass das Geheimnis der Liebe so offen und präsent ist – jederzeit zugänglich für jeden und niemanden?
Ich bin verliebt in Das, denn es ist der einzige Grund, hier zu sein. Diese grenzenlose Liebe lässt sich auf die Begrenzung als Mensch ein – und es ist ihr egal, was dabei herauskommt, alles und nichts, ich und die Welt, du und deine Welt, Entstehen und Vergehen.

Sterben in den Armen der Liebe,
nichts und niemand sein –
absolute Entspannung.

Beziehungs-lose Liebe

Andreas und ich arbeiten im Garten, jeder in einer anderen Ecke. Da geschieht in mir ein Innehalten. Ich nehme eine Präsenz wahr, grenzenlos, beziehungslos und formlos. Sie hat keinen Anfang und kein Ende. Sie ist immer jetzt, hier. Die Präsenz ist größer als wir, größer als die Gartenarbeit und sie durchdringt alles. Sie ist einfach da, trotz Andreas und trotz mir. Sie ist an nichts festzumachen und an niemanden gebunden. Völlig frei und lose. Am ehesten würde ich sie Liebe nennen. Ich weiß, dass diese Präsenz schon immer hier ist. Ich konnte sie bisher nur nicht sehen, weil meine Vorstellung über Liebe und Einssein völlig anders waren und die Wirklichkeit überschatteten. Ich wusste nicht, dass Liebe während der Gartenarbeit da sein kann, ohne dass wir uns körperlich sehr nahe oder gar intim sind. Ich wusste auch nichts von einer Liebe, die weder mit mir noch mit meinem Partner zu tun hat. Plötzlich war klar, dass diese Liebe unpersönlich ist, unabhängig von einem bestimmten Zustand oder Umstand. Sie ist so groß, dass sie alle unsere begrenzten Vorstellungen und Sichtweisen sprengt. Sie ist aber auch so still, dass ich sie beinahe übersehen hätte. Sie ist Gegenwärtigkeit, die schon immer hier ist. Sie wird übersehen, weil sie so unscheinbar und still ist. Liebe, die nichts braucht und die an niemanden gebunden ist. Liebe, die nichts mit mir und nichts mit dir zu tun hat, weil sie weitaus größer ist. Sie hat nichts vorzuweisen und nichts zu bieten, weil sie alles Angebotene und Nicht-Angebotene ist. Sie ist die Weite, in der alles ist. Deshalb kann sie nicht kommen und gehen, und sie kann niemals verletzt oder beeinträchtigt werden durch irgendein scheinbar falsches Verhalten. Diese unpersönliche Liebe ist für den Verstand gefährlich und verrückt, weil sie nicht einzuordnen ist und weil sie auch das liebt und ist, was wir nicht haben und nicht sein wollen.

In dieser totalen Leere erscheinen zwei Personen namens Maria Anna und Andreas. Was auch immer sich hier abspielt und zum Ausdruck kommt, hat mit niemandem zu tun. Liebe ist, bevor diese Körper geboren sind, bevor diese Beziehung beginnt und sie überdauert jede menschliche Verbindung. Keine Trennung und kein Tod, nichts kann sie beenden.

Wie Beziehungen gewöhnlich funktionieren

Innerhalb der persönlichen Geschichte gibt es die Bestrebung, das Pseudo-Ich nicht nur kontinuierlich aufrecht zu halten, sondern sich selbst auch zu bestätigen. Ich nenne diese Dynamik die „Ich-Beziehung". Sie ist die fundamentalste Beziehung, auf ihr basieren alle anderen Beziehungen. Die Ich-Beziehung ist die Wurzel des

Leidens, weil sie eine künstliche Trennung erzeugt. Ohne den Ich-Bezug und den Glauben an ihn, kann sich keine Ich-Geschichte halten. Die Ich-Beziehung führt automatisch zu Du-Beziehungen. Indem wir uns permanent auf ein illusionäres Ich beziehen, werden wir zu Junkies. Wir versuchen einen inneren Mangel auszugleichen. Wir sind süchtig nach Befriedigung und Bestätigung und verlangen nach Anerkennung. Das Ich will ernst genommen werden und zwar nicht nur von uns selbst, sondern vor allem auch von anderen. Wenn wir einmal nicht gesehen und wahrgenommen werden, ziehen wir uns beleidigt zurück und suchen die Bestätigung wo anders.

Es ist so offensichtlich, dass ein nicht vorhandenes Ich – das wie eine Seifenblase ist – niemals dauerhaft satt werden kann. Denn das illusionäre Ich-sein verbirgt in sich einen tiefen Mangel. Selbst wenn es zum Du – das auch wie eine Seifenblase ist – geht und sich von ihm Liebe, Zuneigung, Bestätigung und Aufmerksamkeit erhofft, kann es nicht wirklich satt werden. Der innere Mangel bleibt bestehen. So ist es umgekehrt auch nicht möglich, dass ein nicht vorhandenes Du ein nicht vorhandenes Ich dauerhaft befriedigen und satt machen kann. Aus diesem Grund enden viele Beziehungen letztlich in Frustration, Enttäuschung und Unverständnis.

Wenn nichts geschützt werden muss,
keine Angst vor Verletzung da ist
und nichts vermieden werden muss –
dann ist offenes nacktes Hiersein und Glücklichsein.

Versuche zu verstehen, dass es in „persönlichen Beziehungen" kein endgültiges Ankommen gibt. Das braucht es auch gar nicht. Jede Beziehung ist eine Einladung, dir selbst zu begegnen. Es gibt nur ein Sein und das begegnet sich als Ich und als Du, und bringt auf diese Art und Weise seine Schönheit und Vielfältigkeit zum Ausdruck. Du darfst sehen, dass du die Quelle bist, die unabdingbare Einheit, die sich auch als Zweiheit zeigt und als Beziehungen. Welches Abenteuer – welch unvorstellbares Mysterium.

VI. Das kleine Ich in der relativen Welt

Die Paradiesgeschichte mit dem freien Willen

F: Mich berührt es, dass wir in den Meetings zusammenkommen, obwohl immer klarer wird, dass ich eigentlich nichts davon habe. Das ist für mich eine Art bedingungsloser Liebe, die mich hierher bringt.

Ist es so, wenn man diesen Weg geht, dass er insgesamt leichter wird?

A: Als spirituell Suchender hat man gerne die Idee, ein besonderer Mensch zu sein, der vom Universum auserwählt und bevorzugt wird. Da ist aber niemand, der etwas davon haben kann. Es geschieht, was eben geschieht.

F: Ich habe schon den Eindruck, dass ich in meinem tiefsten Inneren die Wahl habe, ob ich den Weg freiwillig gehe oder ihn gezwungenermaßen durchleiden muss. Ich glaube, wenn ich ihn freiwillig und bewusst gehe, dass ich dann nicht so viel leiden muss.

A: Und wenn das auch nur eine Idee ist?

F: Dann ist selbst der freie Wille auch eine Illusion? Gott würde doch unseren freien Willen nicht antasten? Er hat zugelassen, dass Eva den Apfel vom Baum der Erkenntnis nehmen konnte und sogar ihre Nachkommen seinen Sohn ans Kreuz nageln ließen. Das verbinde ich damit, dass der freie Wille unantastbar ist – im höchsten Leid, wie im...

A: Denk jetzt einmal darüber nach: Wenn du tatsächlich diesen freien Willen hast, würdest du dann nicht die Befreiung beschleunigen, falls sie ein wichtiges Ziel von dir wäre?

F: Ja, ich würde es probieren.

In meinem Verständnis kann ich so weit einwirken, bis ich mit meinem freien Willen mit dem eines anderen kollidiere. Also nur so weit, wie mich andere lassen.

A: Okay, wenn du einen freien Willen hast, dann wähle doch beispielsweise nur noch Liebe und Wahrheit.

F: Wenn ich es könnte, würde ich das tun. Ich dachte bisher, wenn ich es jetzt schon nicht wählen kann, dann wähle ich zumindest für mich einen Weg und einen ersten Schritt, der mich dahin bringt.

A: Wenn du ehrlich bist und dein Leben als Person innerhalb des Zeitgeschehens betrachtest, dann ist die Theorie vom freien Willen vielleicht nicht mehr so stimmig und schön. Du müsstest dir eingestehen, dass sie nicht durchgängig hinhaut. Wie könnte es sonst möglich sein, dass viele Menschen krank sind, andere hungern und nichts zu essen haben? In Afghanistan und anderen Ländern werden Menschen erschossen und Kriege geführt. Es gibt viele Arme und Reiche. Der Wunschgedanke vom freien Willen hat einen Haken und an dem bleiben wir hangen. Wir bescheißen uns, wenn wir beispielsweise glauben, durch Anstrengung unseren Willen durchsetzen zu können. Wir glauben, wenn es uns schlecht geht, wird das irgend einen Grund haben und ist schlimmstenfalls auf ein früheres Leben zurückzuführen. Wir versuchen fortlaufend uns das Leben und die verschiedenen Situationen zu erklären und sie zu begründen. Aber die Rechnung geht nicht auf. Wenn man genau hinschaut, sieht man, dass es so nicht stimmen kann.

F: Ja, das stimmt. Ich habe immer versucht, mich hinüber zu retten.

A: Es existiert keine Person. Innerhalb der Geschichte wird freier Wille gespielt und es werden Entscheidungen getroffen. Es scheint, als würden wir wählen und entscheiden. Doch da ist niemand, nur Sein. Wir sind hier zusammen, so wie wir sind, und es ist, wie es ist. Dafür kannst du nichts und ich auch

nicht. Noch nie hat jemand Einfluss auf irgendetwas gehabt. Das ist unglaublich. Wenn das zutiefst gesehen wird...
Doch genau das Gegenteil wird dir ständig vermittelt: Du hast das Leben in der Hand und bist selbst schuld, wenn es nicht gut läuft. So funktioniert dieses persönliche Spiel.

F: Genau das war es, was mich hierher gezogen hat: zu hören, dass ich nicht schuldig und verantwortlich bin für mein Leben.

A: Ich bin davon überzeugt, jeder weiß das eigentlich, weil jeder dieses Eine ist. Doch dein Ich muss sich laufend diese Idee vom freien Willen einreden. Du strengst dich an und versuchst, das Leben zurechtzurücken und zu verbiegen, um es nach deinen Vorstellungen hinzukriegen. Du rechtfertigst dich vor dir selbst und verdeckst die Wirklichkeit. Du willst nicht wahrhaben, dass du nichts tun kannst.

F: Das ist für mich echt eine Herausforderung! Ich würde ja meinen Job nicht halten können, wenn ich nicht glaubhaft rüberbringen könnte, dass ich die Aufgaben erledigen kann. Und dann zu wissen, dass da niemand ist, der etwas tun kann...

A: Das Sein ist die Arbeit, es ist der Chef und es ist der Angestellte. In diesem Spiel werden Entscheidungen getroffen und Handlungen ausgeführt. Manche tragen mehr Verantwortung und andere weniger. Der entscheidende Punkt ist der, dass es nur so scheint, als würde das alles von einem Ich ausgehen. Es ist immer das freie Sein, das nichts ist und als jemand erscheint. Du hast noch nie etwas getan.

F: Früher hat mich diese Last vom Leben abgehalten und ich habe mich nicht mehr bewegt.

A: Es geht nicht darum, sich aus dem Leben herauszunehmen, weil man weiß, dass es keine Person gibt mit einem freiem Willen. Das wäre nur ein weiteres Konzept. Das Leben ist genau so, wie es ist, mit allem, was erfahren wird. Auch wenn da niemand ist, spielt das Leben Individuum mit freiem Willen, trifft Entscheidungen, macht Pläne und trägt scheinbar Verantwortung. Das ist alles Sein.

Die relative Macht des Verstandes

Das Denken erschafft im Bewusstsein eine scheinbare individuelle Welt. Mache dir einen Augenblick bewusst, welch großartige Bandbreite an Möglichkeiten das Denken bietet: Von Krankheit und Leiden bis hin zu Macht, Reichtum und Ruhm. Welten und Universen werden erschaffen und wieder niedergerissen. Wir können Kriege führen und die Menschen dazu bringen, dass sie uns lieben. Neue Menschenwesen werden kreiert und globale Vernetzungen geschaffen. Medizin, Technik, Wirtschaft und alle anderen Disziplinen haben mit ihrer Entwicklung noch lange kein Ende erreicht. Es gibt nichts, was es nicht gibt. Wir räumen dem Verstand eine beinah grenzenlose Allmacht ein. Doch eines kann der Verstand nicht: er kann niemals verstehen, was wir sind. Hier stößt er an seine Grenze und muss aufgeben. Die lebendige Gegenwärtigkeit wird er niemals erfassen können, weil er in ihr ertrinkt.

Solange wir noch nicht in Berührung gekommen sind
mit der gegenwärtigen Stille und der Totalität dessen, was ist,
neigen wir dazu,
die Macht des begrenzten Verstandes
mit der Allmacht des Absoluten zu verwechseln.

Die Schöpfungsgeschichte

In der Bibel (Joh. 1) heißt es:
„Am Anfang war das Wort und das Wort war bei Gott und das Wort war Gott. Im Anfang war es bei Gott. Alles ist durch das Wort geworden und ohne das Wort wurde nichts, was geworden ist."

Die Schöpfung beginnt also mit dem Wort, und das Wort kommt von Gott. Noch vor dem Wort ist der Gedanke. Der erste Gedanke ist der Ich-Gedanke. Dieser Ich-Gedanke ist der Anfang der persönlichen Geschichte und der Ursprung der Schöpfungsgeschichte, des manifestierten Universums. Woher kommt der Gedanke und das Wort? Sie kommen von Gott, weil es nichts anderes gibt als Gott. Der Ursprung von allem ist Gott, das Eine. So ist klar, dass nicht wir die Schöpfer sind, sondern Gott. Bei ihm liegt das Wort und die Schöpfung.

„Alles ist durch das Wort geworden...“, das bedeutet, dass durch Gedanken und Worte die Welt entsteht.
„...ohne das Wort wurde nichts, was geworden ist.“ Hier kommt sehr klar zum Ausdruck, wenn keine Gedanken bzw. Worte aufsteigen, dann ist nichts.
Ist es nicht erstaunlich, wie die Wirklichkeit in wenigen Sätzen in der Bibel dargelegt wird? Für den Verstand bleibt sie ein Geheimnis und diese Aussagen sind für ihn nur eine Wortspielerei.

Wie fast jeden Morgen gehe ich mit unserem Hund im Wald spazieren. Es ist ziemlich dunkel, der neue Tag ist noch nicht erwacht. So still und leer, als gäbe es keine Welt. Ich sehe die Bäume, die Gräser, höre ein Rascheln in den Blättern und manchmal ein Vogelzwitschern. Trotzdem scheint da nichts zu sein. Es geschieht gehen, atmen, schauen, hören. Wie kann ich dir beschreiben, was ist? Da scheint ein Wald zu sein und doch ist da nichts. Es scheint, als gehe eine Frau mit ihrem Hund durch den Wald, und doch ist da niemand und nichts. Da ist eine unglaubliche Stille, die den Tag, die ganze Welt in ihren Armen hält und Nichts sein lässt. Auch du wirst jede Nacht von der leeren Stille umarmt. Morgens, wenn du aufwachst, aber noch nicht richtig wach bist, ist da noch niemand. Alles, was auftaucht, ist etwas Vorübergehendes, Traumhaftes. Da ist noch nichts Greifbares. Dann erwacht der Tag. Die Sonne taucht auf und setzt ihre Strahlkraft ein. Sie beleuchtet das ganze Schauspiel. Die Atmosphäre wird lebendiger und irgendwie wird der Wald geschäftiger. Es ist fast so, als hätte jemand die Welt geweckt, und die Energie ist nun umtriebiger. Ich höre in der Ferne Schritte von Walkern mit ihren Stöcken. Sie gehen sehr schnell, auch ich

gehe sehr schnell. Zu Hause dann ist das Leben in seiner ganzen Vielfalt, es strotzt vor Kraft und präsentiert sich in seiner Totalität. Auch du bist aufgewacht und das Ich hat wieder Form angenommen. Du kannst dich in deiner gewohnten Lebensgeschichte wiederfinden, in der du die zentrale Rolle einnimmst. Wieder einmal scheint der heutige Tag eine klare Abfolge zu haben. Dein Leben hat eine Vergangenheit und eine Zukunft, die unumstößlich scheinen. Immer wieder bist du bemüht, diesen Ablauf mitzugestalten, weil du glaubst, es läge ganz allein in deinen Händen, was geschieht und vor allem, wie es geschieht.
Die Stille, die dich noch vor ein paar Minuten in ihren Armen hielt, in der du entspannt niemand sein durftest, wo es nichts zu tun gab, wo einfach nur atmen stattfand, hat dich ausgespuckt in die Welt.

Es könnte gesehen werden, dass es nichts als diese lebendige Stille gibt, die alles durchdringt. Sie ist die leere weiße Leinwand, auf der das Leben stattfindet. Sie stellt sich immer hier und jetzt zur Verfügung, damit sie als du und ich ihr großes Schauspiel aufführen kann. Tag für Tag.

„*Ich*" bin immer schuld

F: Bei mir taucht immer wieder das selbe auf: Ehrlichkeit ohne Schuld, das geht nicht.

A: Die Kirche spricht von der Urschuld oder der Erbsünde, die besagt, sobald du geboren bist, machst du dich schuldig. Dann kannst du verschiedene Rituale durchführen, dich reinigen, beichten, beten und regelmäßig Gottesdienste besuchen, bis du ein besserer Mensch geworden bist und nach dem Tod in den Himmel kommst. Hier wird fälschlicherweise von einer Person ausgegangen, die sich von ihrer Schuld mehr oder weniger befreien kann. Es existiert aber keine separate Person. Sünde heißt übersetzt Absonderung. Das Ich sondert sich ab von der Einheit, von Gott. Das ist Trennung. Die Ursünde oder die Wurzel von Leid hat nichts mit dem Wesen des Menschen

zu tun, sondern sie entsteht aus dem Glauben heraus, dass du ein getrenntes Individuum bist. Hier bist du und dort ist Gott. Damit machst du dich schuldig. Die Kirche hat insofern recht, als sie sagt, egal wie du bist und was du auch tust, du bist schuldig. Die Geschichte von Adam und Eva erklärt dies wunderbar.
Zuerst sind sie unschuldig und nicht-wissend wie kleine Kinder, das heißt, sie sind noch eins mit allem. Die Vertreibung aus dem Paradies führt zu der Sicht, getrennt zu sein. Nun nehmen sie sich als Mann und Frau wahr, als separate Wesen mit eigenem Willen. Plötzlich erkennen sie, dass sie nackt sind. Sie unterscheiden zwischen gut und böse und sind identifiziert als Individuum und Körper. Das bringt automatisch Schuldgefühle mit sich.

In deinem Fall versuchst du ehrlich zu sein, du versuchst es richtig zu machen und die Schuld klebt an deinen Fersen. Wie entkommst du dem? In der persönlichen Geschichte gibt es tausend „Lösungsmöglichkeiten“: Werde dein Ego los, transformiere die Energie, reinige deine Chakren, meditiere jeden Tag etc. Das sind alles Methoden, die ein nicht vorhandenes Ich ansprechen – also sind sie nutzlos. In Wirklichkeit gibt es keine Person, die sich abgesondert hat. Das ist nur eine Idee. Wird das zutiefst gesehen, ist klar, dass niemand schuldig ist. Es gibt nur Das. Das Sein spielt „schuldiges Ich“, es spielt „Ich mit schlechtem Gewissen“ und es spielt „Gott“.

F: Die Schuld ist wie ein Stempel.

A: Ja, jedes Pseudo-Ich bekommt einen Stempel, damit es sich wieder an seine Quelle erinnert.

F: Du hast heute etwas gesprochen und ich weiß nicht mehr, was. Aber es fühlt sich an, als wären Energien wie Wellenbewegungen im Raum, in denen sich alles auflöst. Es ist wie hilflos sein, mit nichts verbunden sein. Als würden sich die Worte, die gesprochen werden, sich auf ihrem Weg wieder auflösen. Als gäbe es keinen Nährboden für irgendetwas.

Wer handelt – *Ich* oder Gott?
Ein Meeting in Lindau

A: Sei willkommen in jedem Moment!
Das Leben umarmt dich. Nicht nur, wenn es dir gut geht und du dich geliebt fühlst. Das direkte Leben ist genau so, wie es sich zeigt. Es ist eine stetige Umarmung, eine Ausdehnung in sich selbst.

Ich bin heute schon früher nach Lindau gekommen und saß noch eine Weile am See. Dabei habe ich Kindern zugeschaut, wie sie Steine ins Wasser warfen. Auf der Oberfläche bildeten sich Kreise. So ähnlich ist es, wenn das Sein zu sich selbst spricht und sich selbst berührt. Dann sinkt es tiefer und tiefer in sich hinein. Auf der Wasseroberfläche breiten sich Kreise aus. Auch du kannst dich mehr und mehr ausdehnen in die Unendlichkeit des Seins. ES vereinnahmt dich und breitet sich hemmungslos aus. So ein tiefes Ankommen in dem, was ist. Mmmhhh... Einfach Dasein, auch im Schmerz, in der Traurigkeit und der Freude.

F: Wie ist das mit negativen Gefühlen, z. B. mit Wut, soll man sie einfach nur beobachten oder zulassen?

A: Zulassen oder nicht zulassen, es geschieht, was eben geschieht.

F: Am liebsten hätte ich sie weg. Man kann ja in der Wut stecken bleiben. Es kostet wahnsinnig Kraft, sie bewusst wahrzunehmen. Ich denke, unbewusst möchte ich sie immer noch nicht annehmen.

A: Schau, es geht darum, einfach zu sehen, wie du die Wut nicht annehmen willst. Das ist das, was sich im Moment zeigt. Mehr gibt es nicht zu tun. Dadurch, dass der Widerstand gesehen wird, kann sich eine immense Weite auftun. Da ist aber niemand, der das verursachen kann oder sich darin üben muss. Wenn du das üben willst, ist das nur Denken und deshalb anstrengend.

F: Es ist sogar anstrengend, sie zu beobachten.

A: Ich meine nicht einmal beobachten. Ich sage einfach nur, dass es so ist wie es ist.

F: Es ist manchmal auch eine zerstörerische Wut.

A: Ja, auch die zerstörerische Wut.

F: Ich kann sie schon annehmen...

A: Nein, ich spreche nicht vom Annehmen. Das erfordert jemanden, der die Wut annimmt. Ich spreche vom einfachen Sehen, das völlig unpersönlich und absichtslos geschieht.

F: Ich kann den Fokus auch auf etwas anderes richten, dann gehe ich z. B. mehr in die Herzgegend und versuche, Wärme oder Liebe aufzubauen. Dann kann ich mich von dieser Wut wegbewegen. Aber all das ist anstrengend.

A: Genau. Weißt du, du musst nichts machen. Du brauchst noch nicht einmal in deine Herzgegend zu kommen. Wenn Liebe überströmen will, dann geschieht das einfach. Wut kommt und irgendwann geht sie wieder. Liebe taucht auf und es scheint, dass auch sie manchmal wieder weniger wird.
In Wirklichkeit geschieht das alles von selbst. Wie Wellen, die sich auf- und abbewegen. Es ist niemand da, dem diese Gefühle gehören und der damit etwas machen muss. So einfach. Du musst keine Technik anwenden, nichts. Du bist, wie du bist.

F: Das ist schwer zu begreifen.

A: Zu glauben, dass du mit dem, was so auftaucht, etwas machen musst, das ist richtig schwer und anstrengend. Der Verstand kann das nicht begreifen, weil er damit sämtliche Konzepte verlieren würde.

F: Das ist klar, das kann ich sehen. Es ist so schwer, das alles zuzulassen. Es kommen Sachen hoch von früher, die mich fast umgebracht hätten.

A: Nur der Verstand kann dabei umkommen. Er kann nicht begreifen, dass das natürliche Leben okay ist. Er möchte eingreifen und die Dinge verändern, weil er glaubt, dass sie falsch sind, so wie sie sind.

F: Aber ich habe ja auch einen Willen. Einen Willen, dass ich arbeiten gehen will. In dem Moment bewege ich mich wieder weg.

A: Von was weg?

F: Von diesem Gefühl. Also ich habe eine Wut und dann fange ich an, Geschirr zu waschen.
Dann bewege ich mich ja weg. Mein Fokus bewegt sich weg.

A: Also es taucht eine Wut auf und dann geschieht etwas anderes, beispielsweise Geschirr waschen. Das ist das, was ist. Es gibt niemand, der auf etwas einen Fokus richten muss und niemand, der sich weg bewegen kann. Es gibt nur Hiersein, aber niemand, der hier ist.

F: Aber wenn ich etwas sehe und wahrnehme, richte ich doch meinen Fokus darauf.

A: Es gibt kein Ich, das je etwas getan hat. In Wirklichkeit ist es ein unpersönliches Sehen und Wahrnehmen. Es wird etwas gehört und dann nicht mehr. Es geschieht eine Bewegung, und irgendwann hört sie wieder auf. Es wird gespült, dann ist es vorbei. Es taucht Freude auf, schwupp, ist sie wieder weg. Da ist Wut und auch sie verschwindet wieder. Vielleicht taucht der Impuls auf, hinauszugehen, weil das Wetter so schön ist. Du ziehst dich an und gehst hinaus. Es kann aber auch sein, dass sich niemand bewegt und auf den Impuls reagiert. Alles was auftaucht und wieder verschwindet, geschieht spontan.

F: Was ist mit dem freien Willen?

A: Wer kann einen Willen haben?
In dem freien Sein taucht die Idee des Ich auf: Ich bin eine individuelle Person. An diese Idee koppelt sich eine weitere: Ich bin der Körper. Aufgrund des Körpers können individuelle Erfahrungen gemacht werden. Deshalb scheint die Idee logisch, dass der Körper von einem Ich bewohnt wird. Dazu gesellt sich der Glaube, das Ich hätte einen freien Willen und könnte auf die Gegebenheiten Einfluss nehmen.

Möglicherweise aber stellt sich irgendwann die Frage: Wer oder was bin ich wirklich? Du beginnst das Ich zu hinterfragen. Vielleicht hast du schon bemerkt, dass nicht alles, was auftaucht, willentlich gesteuert oder forciert wurde. Wut taucht auf, aber hast du sie wirklich gewählt? Hast du je schlechte Gefühle oder negative Gedanken gewählt? Hebst du den Finger und wählst freiwillig Krankheiten wie Krebs, Aids oder Behinderungen? Sicherlich nicht, oder?

Ist es nicht so, dass wir öfters Erfahrungen machen, die wir uns anders vorgestellt haben, die aber trotzdem so erfahren werden?

F: Habe ich es nicht verursacht? Liegen die Ursachen nicht in mir?

A: Warte noch. Schauen wir gemeinsam, wohin es führt:
Jeder müsste sich eingestehen, wenn er ein bisschen ehrlich ist, dass er nicht alles so gewollt hat, wie er es erfahren hat und dass er nicht alles vermeiden konnte, was er nicht haben wollte.

Was ist, wenn du nachts tief schläfst? Wo bist du und wer bist du? Bist du dir da bewusst, dass du bist?

F: Nein.

A: Das bedeutet, dass du im Tiefschlaf nicht existierst. Da ist einfach nichts, still. Wenn du morgens aufwachst und nach ein paar Sekunden oder Minuten richtig wach bist, was passiert dann?

Das Denken beginnt und der Film bzw. deine Geschichte läuft ab: „Heute muss ich wichtige Dinge erledigen, ich möchte noch bestimmte Leute treffen, ich muss jenes Gespräch umlenken, ich bin verantwortlich für meine Kinder..." Es herrscht kontinuierliches Denken. Sobald das Denken also einsetzt, ist die Ich-Geschichte aktiv und damit geht das Gefühl einher, ein Jemand zu sein. Du glaubst, dass du dieser Körper bist, dass du einen Job hast, dass du als Tierschützer engagiert bist und ein spiritueller Mensch bist. Aber ohne das permanente Denken gibt es dich nicht. Wenn du tief schläfst, findet kein Denken statt. Folglich bist du nicht. Das muss uns doch zu denken geben! Wer ist dieses Ich? Oder besser gefragt, woraus besteht denn dieses Ich? Kann es sein, dass es tatsächlich nur ein Gedanke ist?

Wird dieses Wissen zutiefst realisiert, fällt der Ich-Bezug mit der dazugehörigen Geschichte weg. Es breitet sich eine unglaubliche Freiheit aus, niemand und nichts zu sein und doch alles. Damit erledigt sich die Frage des freien Willens und auch alle anderen Fragen erübrigen sich.

F: Ich denke, wenn man einen freien Willen hat, ist man frei zu wählen, ob man eine Sache haben möchte oder nicht, ob man etwas verstärkt oder nicht.

A: Dafür braucht es jemand, der das wählen könnte. Wenn klar ist, dass das Ich nur ein Gedanke ist, wer ist dann der Verursacher?

F: Aber wenn ich die Stille und die Freiheit in mir habe, dann habe ich ja auch einen menschlichen Körper, ein menschliches Bewusstsein und vielleicht will ich dann auch ein Haus haben und da muss ich ja auch wieder meine Freiheit benutzen. Ich muss zur Arbeit gehen oder gewisse Dinge positiv bestärken und das Negative eben nicht bestärken. Dann kann ich auch diese weltliche Freiheit nutzen, weil ich ja von dieser Welt bin.

A: Du gehst von einem Individuum aus, das irgendwelche Dinge entscheidet. Es gibt nur das freie bewusste Sein. Trotzdem wird die Entscheidung getroffen, ein Haus zu kaufen oder nicht, eine Arbeit anzunehmen oder nicht, zum Baden zu gehen oder nicht – all das geschieht. Es tauchen positive und negative Gedanken und Emotionen auf. Das geschieht alles grundlos. Es gibt tatsächlich keine Person, die das Leben eigenmächtig lenken könnte, aber es scheint so.

Solange die Identifikation
mit dem Ich-Gedanken vorhanden ist,
besteht das Gefühl, ich sei der Verursacher und Handelnde.

Wenn sich diese Identifikation löst, bleibt möglicherweise der Ablauf gleich, aber es ist klar, dass niemand etwas tut, alles geschieht von selbst. Das Leben ist ein unpersönlicher Ablauf.

F: Noch einmal zum freien Willen: Wenn bei mir alles rund geht und es wird plötzlich negativ, dann kann ich es nicht steuern und außerdem ist das mit viel Kraft verbunden. Wenn ich ruhig in mir bin, kann ich sagen, ja Gedanken, geht weg und ich konzentriere mich wieder aufs Jetzt. Dadurch gebe ich ihnen keine Kraft und bestärke das Negative nicht in mir. Ich lege den Fokus woanders hin. Ich schaffe das, wenn ich frei und ruhig bin, sonst geht das nicht. Wenn ich wirklich gegenwärtig sein kann.

A: Wenn du für einen Moment diese Anstrengung von „gegenwärtig sein wollen" lassen könntest?

F: Ich bin ja froh, wenn ich gegenwärtig bin.

A: Du kannst gar nicht nicht gegenwärtig sein. Es gibt nur Gegenwärtigkeit. Alles andere ist Denken. Du denkst dann, du seist gegenwärtig, aber das brauchst du nicht. Wozu sollte das gut sein?

F: Aber ein Massenmörder, der eine Pistole in der Hand hat...

A: ...ist nicht weniger Gegenwärtigkeit als jemand anders.

F: Das ist doch nicht unbedingt das, was wir wollen.

A: Wer entscheidet denn, was wir wollen? Hat jemand Einfluss darauf, dass es weniger Morde gibt?

F: Wenn ein Mensch, der die innere Freiheit hat, trotzdem ein Gewehr in die Hand nimmt und schießt, dann läuft doch etwas falsch? Ich denke, je bewusster und je freier du bist, um so weniger musst du diesen Wahnsinn mitmachen. Deshalb ist doch Bewusstsein und Freiheit ein Ziel?

A: Weißt du, es existiert kein Ich, das wählen oder verhindern kann. Wenn gemordet wird, wird gemordet. Wenn es aufhört, hört es auf. Da ist einfach niemand, der das entscheidet. Ansonsten würde ich dir jetzt sagen, hör auf, noch irgendwelche negativen Gedanken oder Handlungen auszuführen. Sei ab jetzt nur noch positiv und tue das, was du willst und was dir gut tut. Kannst du das?

F: Ich habe nicht die Wahlfreiheit, momentan nicht.

A: Jetzt bist du ehrlich.
Da ist tatsächlich niemand, der sie je gehabt hat. Wenn ein Mord geschieht, dann geschieht er. Aber da ist kein Jemand in dem Körper, der sagt, jetzt bringe ich jemanden um. Es scheint zwar so, als gäbe es eine Person, die den Mord plant und ausführt. Aber in Wirklichkeit gibt es nur Gegenwärtigkeit,

die als dieser Körper erscheint und als jener. Gegenwärtigkeit bringt sich selbst um. Sie kann sich natürlich nicht umbringen, weil sie Nichts ist und doch Alles. Aber sie kann sich als scheinbaren Körper umbringen. Gegenwärtigkeit bleibt jedoch immer gegenwärtig. Sie begegnet sich selbst, trifft sich selbst und heiratet sich selbst. Sie schreibt sich Rechnungen, verklagt sich und bringt sich sogar um. Sie setzt sich auch ein für den Weltfrieden und dafür, dass weniger Morde geschehen. Das alles ist das freie Sein. Es gibt nur ein Sein, eine gegenwärtige Energie, die alles ist.
Schreiben wir das Ganze irgendwelchen separaten Individuen zu, dann ist ein Mord tragisch und leidvoll, das ist klar. Sei dir darüber bewusst, dass mit dem Ich-Gedanken Leiden beginnt.

F: Dann wäre das ja alles so sinnlos.

A: Wenn alles das Sein ist, welchen Sinn sollte es suchen und welches Ziel verfolgen? Wo soll es hin, was könnte besser sein? Alles ist DAS.

F: Wenn ich dann Kinder habe, könnte ich sie ins Kinderheim geben und mir ein lockeres Leben machen.

A: Ja, das würde geschehen, wenn es geschieht. Es kommt ja durchaus öfters vor.

F: Aber da kommt ja auch die Liebe mit ins Spiel.

A: Wenn das Ich wegfällt, verschwindet derjenige, der leidet und Leid sieht. Es bleibt Liebe, die Alles durchdringt und Alles ist.

F: Ich bin satt.

Namaste!

(M)*Ich* gibt es immer noch

F: In mir ist ein Anspruch und Selbstverurteilung, weil das Ich immer noch da ist. Ich habe das noch nicht verstanden mit dem Ich.

A: Das Ich kann nur als Gedanke und als Empfindung auftauchen. Aus diesem Grund muss nichts verschwinden.

F: Das irritiert mich jetzt total. Wieso muss das nicht verschwinden? Darauf habe ich doch hingearbeitet?

A: Wenn es verschwinden müsste, dann wäre jemand da, der nachher nicht mehr da ist. Du brauchst dich nicht bemühen, es loszuwerden. Der Ich-Gedanke kann als solcher nach wie vor auftauchen, warum nicht? Wenn er als Illusion durchschaut wird, wen stört er dann?

F: Das ist angekommen.

❦ ❦ ❦

F: Das Durchschauen des illusionären Ichs kann man auch nicht machen. Es kommt oder kommt nicht, stimmt das?

A: Ja, das ist richtig. Durchschauen und Sehen was ist, ist das Natürlichste überhaupt. Es erfordert nichts, von niemandem. Ich kann darüber etwas sagen, rein konzeptuell. Du kannst es nachher sofort wieder verwerfen.

Im scheinbaren Befreiungsprozess kann es Phasen geben, in denen der Verstand allgemeingültige Glaubenssätze und feste Zusammenhänge, die dein Leben betreffen, hinterfragt. Das ist zunächst befreiend und zum Teil auch schockierend und schmerzhaft, weil sich liebgewonnene Gedankenmuster auflockern und nicht mehr so ernst genommen werden. Dann versucht sich der Verstand der Natur des Seins anzunähern. Er glaubt zu verstehen, worum es geht. Alles, was gesprochen oder gelesen wird, nimmt er auf und macht daraus neue Konzepte, in der Hoffnung, bald Erleuchtung und Befreiung zu erlangen. Vielleicht fühlt man sich sogar bewusster und glaubt, die Erleuchtungsgeschichte verstanden zu haben. Das Ich ist beschäftigt und bestätigt damit fortlaufend seine Existenz, obwohl sie illusionär ist. Hier sprechen wir immer noch von der Personen-Ebene, wo scheinbar jemand etwas durchschaut und versteht.

Dann kann es eine Phase geben, in der das Ich-sein selbst hinterfragt wird. Dabei geht es ans Eingemachte, denn jetzt bist du dir deiner selbst nicht mehr sicher. Das Ich, das bisher geschützt und verteidigt worden ist, das dir so heilig war, das zweifelst du an. Es kann wie ein Selbst-Verrat erfahren werden. Das Sehen kann tiefer gehen, indem sich das Bewusstsein immer mehr auf sich selbst richtet und still wird. Die Wellen, die an der Wasseroberfläche zu Beginn wild tosen und toben, werden vielleicht mit der Zeit ruhiger und stiller, bis alles Falsche abgefallen ist. Dann ist das natürliche Sehen total hier, völlig anstrengungslos. Es ist waches Bewusstsein, das aus seinem Traum erwacht ist und in jedem Moment sieht, was wirklich ist.

Die Grenze sollte weg sein

F: Wenn eine Grenze auftaucht, glaube ich, dass ich erst frei wäre, wenn sie weg ist. Ist das eine Täuschung?

A: Die absolute Freiheit ist nicht an Bedingungen zu knüpfen, deshalb muss die Grenze nicht verschwinden.

F: Wenn sie aber doch so real wahrgenommen wird?

A: Das ist ja die Täuschung, weil in Wirklichkeit nichts ist.

F: Aber es hemmt.

A: Hemmung ist das, was erscheint. Hemmungen und Grenzen können die absolute Freiheit nicht beeinträchtigen.
Sieh doch die Freiheit in der Grenze.

F: (Schaut verwirrt) Wie geht denn das?

A: Du glaubst, erst wenn die Hemmung und die Grenze verschwunden wären, könntest du frei sein. Aber die Freiheit ist hier. Freiheit ist, zu sehen, dass eine Grenze auftaucht, die nichts und niemanden eingrenzt. Wen kümmert diese Grenze?

F: Und wenn die Grenze bleibt?

A: Das ist gut möglich, dass sie bleibt. Aber wen kümmert's? Die massivste Grenze ist der Glaube, ich sei jemand, ich sei dieser Körper. Der Körper an sich ist begrenzt und wird irgendwann sogar sterben. Wenn er beispielsweise krank oder verletzt ist, erleben wir das auch als Begrenzung. Das spielt sich innerhalb der persönlichen Geschichte ab. Manche Menschen haben viel Geld und andere wenig oder gar keines. Manche sind gesund und fit und andere krank und behindert. Wir müssen mit Begrenzungen leben. Doch das Sein ist uneingeschränkt. Dem Sein ist jede Grenze egal. ES erscheint als Grenze und als Freiheit. Wem es aber nicht egal ist, ist die Person. Zu glauben, eine Person zu sein, ist die absolute Grenze.

F: Es ist manchmal schwer, die Grenze anzunehmen.

A: Natürlich. Es existiert kein Ich, das sie annehmen und akzeptieren könnte. Zu glauben, dass du jemand bist, ist Begrenzung. Ist die Grenze jetzt im Moment da?

F: Nein. Jetzt nicht.

A: Kann sie dann real sein?

F: Ich kann jetzt gerade sehen, dass es tatsächlich nur Gedanken sind.

– Stille –

F: Wenn man im Grenzfall das Denken abschalten könnte, dann gäbe es keine Grenze, oder?

A: Jede Nacht bist du grenzenlos, wenn du schläfst und kein Denken da ist. Die Grenze erscheint, wenn du aufwachst und die Geschichte „Ich“ beginnt.

F: Angenommen ich bin in der Arbeit und spüre eine Grenze. Dann treffe ich die Entscheidung, okay ich nehme sie an oder ich sage aus diesem Bewusstsein heraus, dass ich von der Arbeit gehe und kündige. Es ist ja dann möglich, dass die Grenze weg ist, aber irgendwo anders kommt vielleicht wieder eine Grenze.

A: Es taucht sicher wieder eine Grenze auf. Solange es hier Körper gibt, erfahren wir auch Grenzen. Das ist aber nicht das Problem. Innerhalb der Geschichte werden permanent Grenzen erlebt. Wenn du dir den Fuß anschlägst und nicht mehr richtig gehen kannst, dann bist du eingeschränkt. Wen kümmert diese Begrenzung, wenn du weißt, dass du endloses grenzenloses Sein bist, das auch als Begrenzung und Grenze auftaucht? Das freie Sein hat kein Problem mit Grenzen. Es weiß nichts über Grenzen. Es ist grenzenloses Dasein.

F: Warum kann das Ich manchmal Macht ausüben?

A: Es gibt kein Ich, das Macht ausüben kann. Das ist nur eine Idee, aus der ein Konzept entstanden ist. Viele Menschen und Medien bestätigen diesen Ansatz und so scheint es, als gäbe es tatsächlich Personen, die Macht ausüben können.

F: Woher kommt das innere Empfinden, wenn man Frieden, Liebe und Einssein spürt? Ist das ein Bewusstseinszustand?

A: Das Sein ist Frieden, Liebe und Einssein. Es ist möglich, dass Frieden und Liebe erlebt werden, wenn der Verstand still ist.

Diese Zustände kommen und gehen wieder. Ich spreche von der gegenwärtigen Liebe, die ununterbrochen ist, egal, ob Schmerz, Angst oder eine Grenze auftaucht. Sie ist immer. Sie ist jenseits von dem, was du über Frieden und Liebe weißt. Sie hat nichts mit kurzfristigen Zuständen zu tun, die dir ein gutes Gefühl geben. Kurzfristige Zustände verschwinden wieder und dann bist du enttäuscht und wieder auf der Suche.

F: Und das ist zu erreichen?

A: Nein. Das ist von niemandem zu erreichen, du bist das bereits. Was jetzt gerade das Problem ist, dass der Verstand versucht, das irgendwie zu greifen und erreichen zu wollen. Er sagt: „Das will ich haben, wo kann ich es suchen, was muss ich dafür tun?"
Frieden und Liebe sind das, was immer ist. Dies ist die einzige Wirklichkeit. Wenn du das jetzt nicht sehen und erleben kannst, dann nur deshalb, weil die Suche vordergründig ist. Sie bringt unweigerlich das Gefühl von Mangel mit sich und so glaubst du, dass dir Liebe fehlt. Sobald der Suchende als Illusion durchschaut ist und wegfällt, bleiben Liebe und Einssein.

VII. Was ist es, was ich bin?

Was ist es, was ich bin?

Wir glauben, dass wir ein Leben haben, und wollen es so lange wie möglich hinausziehen. Wir haben Angst vor unserem Ende, Angst vor dem Tod.

Jeden Morgen und in jedem Moment wirst du neu geboren und jede Nacht und in jedem Moment stirbst du.
Bist du dir dessen bewusst?
Hast du dich je gewehrt, nachts einzuschlafen und nicht mehr zu sein?

Es stellt sich nun eine wesentliche Frage: Was ist es, was ich bin?

Nimm dir einen Moment Zeit und frage dich, wer oder was du bist. Vielleicht blickst du auf den Körper und sagst ganz klar: das bin ich. Aber wenn du genauer hinschaust, weißt du, dass hier nur ein Körper ist. Das ist alles. Wenn vor dir ein Buch liegt, sagst du auch nicht, ich bin das Buch.
Aber irgendwie scheint so klar zu sein, dass wir dieser Körper sind. Wie ist das möglich? Es scheint eine Anwesenheit da zu sein, die im Körper wohnt, Entscheidungen trifft und Bewegungen ausführt. Doch was ist diese Anwesenheit? Aus was besteht sie? Die Ärzte und Chirurgen studieren die Funktionen des Körpers, sie schneiden den Körper auf und nehmen ihn auseinander. Aber noch nie hat jemand diese substantielle Anwesenheit im Körper finden können, die wir Ich nennen. Die Christen sprechen von Seele. Aber was ist sie? Wo ist das Ich, wenn wir tief schlafen? Nur der Körper liegt im Bett und schläft. Sobald wir aufwachen, ist die Anwesenheit des Ich zurück und zwar in Form von Gedanken und Gefühlen.

Nachts im Tiefschlaf sind keine Gedanken vorhanden, folglich bist du nicht. Da ist nichts, nur Stille.
Weil Gedanken, Emotionen und Empfindungen nicht permanent da sind, können wir sie auch nicht sein.

Was sind wir dann?

Wir können uns bewusst sein, dass wir sind. Das ist Bewusstsein. Bewusstsein ist sich des Körpers bewusst. Deshalb können wir der Körper nicht sein, weil wir ihn sehen und wahrnehmen. Bewusstsein ist sich der Gedanken und Gefühle bewusst, es ist sich all dessen bewusst, was ist. Bewusstsein ist das, was schon ist, bevor die Welt ist. Es ist vor und nach dir und noch vor dem Körper. Es ist wie ein Strahler, der auf die Objekte strahlt, auf die Welt, die Menschen und das ganze Universum. Bewusstsein ist aber auch die endlose Weite, die Manifestation ermöglicht. Und Bewusstsein ist die Objekte, die Manifestation und die Welt.

Aber was bin dann ich?

Wie ist es möglich, dass ich mir meiner selbst bewusst sein kann? Da muss es schon vor dem Denken eine konstante Instanz geben, die sich bewusst ist, dass ich bin: Das Ich-bin-Bewusstsein. Das Ich-bin-Bewusstsein ist weder auf den Körper bezogen, noch auf meinen Namen oder die Gedanken. Trotzdem kann ich mir sicher sein, dass ich bin. Wenn ich mir meiner selbst bewusst sein kann, scheint es, als gäbe es zwei. Das Bewusstsein, das sich bewusst ist und ein scheinbarer Jemand, der das Bewusstsein zum Objekt macht.

Was, wenn sich das Bewusstsein nicht aufspaltet und sich nicht zum Objekt macht? Wenn es sich auf sich selbst richtet und erkennt, dass es nichts anderes gibt als Bewusstsein? Ist es möglich, dass ich wirklich nur als Gedanke und als Empfindung im Bewusstsein auftauche? Wenn das der Fall wäre und diese Einsicht zutiefst durchschaut würde, müsste sich etwas Grundlegendes verändern in unserem Bewusstsein. Und so ist es tatsächlich.

Wenn herausgefunden wird, dass du der Körper nicht bist, dass du die Gedanken nicht bist, dass du die Welt nicht bist, dann wird etwas absolut Enges, Starres, Eingeschränktes – die Idee, die wir Ich nennen – implodieren und in sich zusammenfallen und explodieren und sich ausdehnen in die Unendlichkeit. Diesen Vorgang nennen wir Erwachen oder Befreiung. Betrachten wir ihn energetisch, ist es das Lösen einer starken Kontraktion, auf das eine grenzenlose Ausdehnung folgt. Es ist dein Tod.

Sterben kann nur, was irgendwann geboren wurde. Der unendliche raumlose Raum, in dem sich das Leben abspielt, hat keine Grenze, keinen Anfang und und kein Ende. Er ist was ist – Leben. Er ist unsterblich. Du kannst diese Unendlichkeit nicht denken, weil sie unendlich ist. Alles, was der Verstand versucht, sich vorzustellen, ist Endlichkeit. Aber alles, was in dieser stillen Weite auftaucht und erscheint, kommt und geht. Die zentrale Idee, die darin permanent zu erscheinen scheint und um die sich alles dreht, ist der Ich-Gedanke. Aber sie kann sich nie halten, sie muss in jedem Moment sterben, bevor sie wieder als Gedanke neu geboren wird.

Was kann also sterben?

Nur der Ich-Gedanke und der ganze Rattenschwanz, der daran hängt. Die ganze Geschichte, die du dir ständig selbst erzählst, von der du glaubst, dass du sie bist. Sie wird jeden Morgen neu aufgerollt und jede Nacht löst sie sich einfach auf. Könnte es nicht ein großartiges Abenteuer sein, wenn das vermeintliche Ich in das gegenwärtige Sein hineinfällt? Wenn sich das Bewusstsein als bewusstes Sein erkennt und als nichts anderes? Keinen Sicherheitsabstand mehr aufrechthalten müssen, die Handbremse loslassen und das Leben endlich unmittelbar schmecken, riechen und berühren. Es ist ein Fest, der Tanz des Lebens und du bist immer mitten drin, weil du bist, was ist. Schonungslos vom Leben genommen und gelebt werden.
Sein ohne Gedankenfilter, sein mit Gedanken. Sein, ohne etwas vorher zu wissen. Sein ohne Distanz, nahbar sein. Sein ohne (m)ich. Sein ohne Angst, selbst wenn Angst auftaucht. Grenzenlos sein, trotz Grenzen. Ohne Kontrolle sein. Absichtslos sein. Unschuldig sein. Anstrengungslos sein. Nichts sein und alles sein.

Was ist es, was ich nicht bin?

Gedanken und Geschichten kommen und gehen und du kannst ihrer bewusst sein – also kannst du sie nicht sein. Die meisten Gedanken wiederholen sich laufend, du brauchst sie nicht einmal zu denken, sie haben sich schon etabliert in deinem Leben, sind zu deinen Wegbegleitern geworden. Sie sind wie Luftblasen: da ist nichts dahinter und nichts drin, weil sie substanzlos sind.

Der Verstand will sich die Hauptrolle jedoch nicht nehmen lassen. Er kann der Aussage niemals zustimmen, dass das Leben von selbst geschieht. Das würde ja bedeuten, dass die Geschehnisse von selbst ablaufen, ohne seinen persönlichen Einfluss und trotz seines Eingreifens und seiner Kontrolle. Er hat großes Interesse, alles, was auftaucht, auf sich zu beziehen. So wird er zum Mittelpunkt jedes Geschehens. Nichts ist grundlos für ihn, alles hängt immer von ihm ab und steht mit ihm in Beziehung. Der Verstand ist der scheinbare Schöpfer, der deine Welt kreiert. Er bietet dir eine vorgefertigte Welt, die du jeden Morgen betrittst und jeden Abend wieder verlässt. Er lässt dich darin tanzen, lieben und lachen und er lässt dich darin weinen, leiden und gefangen sein. Er ist dein Held, der dir scheinbar vieles möglich macht und dir vielleicht sogar deine Wünsche erfüllt. Du verehrst ihn und liebst ihn. Du vergötterst ihn und du möchtest ihn manchmal umbringen, weil er dich immer wieder aufs Neue belügt und dir verspricht, was er nicht hält. Doch du brauchst ihn, denn ohne ihn bist du nichts.

Er schiebt sich scheinbar vor die Wirklichkeit, so dass du immer das siehst, was er darüber weiß. Schau dir eine Blume an, schau in deine Augen, gehe durch die Wiesen, betrachte einen Schmetterling, höre den Vögeln zu, schau in den Himmel, berühre deine Hand, berühre die Hand eines alten Menschen, höre die Stimmen deiner Kollegen bei der Arbeit, betrachte den Stein – was weißt du darüber?
Möglicherweise siehst du die Blume gar nicht oder den Stein, sondern nur das, was du darüber weißt. Ach ja und deine Augen: jeden Morgen siehst du dich im Spiegel und auch tagsüber immer wieder. Alles, was du über diese Augen weißt, ist nur eine Ansamm-

lung von Gedanken und Geschichten. Und die Vögel! Meistens hörst du sie gar nicht. Die Hände eines alten Menschen? Dafür ist leider keine Zeit. Und die Stimmen deiner Kollegen? Ja, die kennst du auch schon auswendig. Alles ist bereits belegt und besetzt mit vorgefertigtem Wissen.

Das heißt, was du siehst, siehst du nicht wirklich. Du denkst was du siehst, aber du siehst nicht. Du denkst, dass du glücklich bist, aber du bist es nicht wirklich. Wie können dich Gedanken über das Glücklichsein wirklich glücklich machen? Es sind doch nur Gedanken. Sie können dich weder satt machen, noch irgendwie berühren. Sie können dir nichts geben, weil sie tot sind, leer und langweilig. Du denkst, dass du dich kennst, doch du weißt gar nichts über dich.

Hat dich schon einmal das Leben berührt – direkt? Hat es dich schon einmal durchgeschüttelt, diese Schönheit, diese Liebe, diese Intimität, dieses Nicht-Wissen über irgendwas?
Jetzt im Moment und in jedem Moment bist du eingeladen, in der Gegenwärtigkeit des Seins zu ertrinken. Verliere dich und verliebe dich. Du brauchst dich nicht zu halten, du musst nichts verstehen, es gibt nichts zu tun, du kannst nichts falsch machen, du musst dich nicht zusammennehmen, du musst dich nicht um dich kümmern. Lass dich fallen in die Arme der Liebe, lass die Grenzen gehen und sei was du bist.

Es ist nichts falsch an Geschichten und es ist auch nichts falsch am Denken. Das alles ist der Traum, der im Bewusstsein stattfindet. Warum nicht? Wer sollte am Traum etwas verändern wollen, wenn klar ist, dass es nur ein Traum ist?

Die grundlegende Verwechslung

Das natürliche Sein ist grenzenlos. Schau ein Baby an. Du wirst dort keine Persönlichkeit finden, es ist noch ich-los. Auch wenn es einen Namen hat, Eltern und vielleicht sogar Geschwister, weiß der Säugling selbst nichts darüber. Er weiß noch nicht einmal, dass

er existiert. Er ist sich seiner selbst noch nicht bewusst. Das persönliche Bewusstsein kommt erst mit der Zeit, wenn das Kind sich als Junge oder Mädchen wahrnimmt und sich mit seinem Namen identifiziert.
Was dann passiert, ist wie eine Verwechslung. Das Kind nimmt sich wahr als ein Jemand und das unendliche Dasein wird zu seinem Gegenüber. Es ist nun entfernt von ihm. Die Verwechslung lässt uns glauben, dass wir der Körper sind, ein eigenständiges Individuum und nicht mehr die Einheit, das Gesamte.

Und mit der Verwechslung wird alles anders. Aus Einheit wird Zweiheit, aus nichts wird etwas und aus niemand wird nun jemand. Jetzt herrscht Trennung, Mangel, Unzufriedenheit, Kampf, Widerstand und Stress. Aus dem friedlichen, absolut stimmigen, freien und zeitlosen Dasein wird nun ein Überlebenskampf. Es geht immer um etwas. Es geht um deine persönliche Existenz – und zwar täglich, stündlich, minütlich, sekündlich. Du darfst dir nicht erlauben, für einen Moment nicht zu denken, denn sonst könntest du nicht vorhanden sein. Das ist das Schlimmste, was passieren kann. Deshalb ist eine gewisse Spannung erforderlich. Die Spannung lässt sich am besten aufrecht halten, wenn du glaubst, dass du der Verursacher und Handelnde bist. Der Ursprung jeder Motivation ist der Versuch, deine scheinbare Existenz aufrechtzuhalten und zu beweisen. Daran hängen sich weitere Ziele: deine Gesundheit zu erhalten, erfolgreich zu sein, Erleuchtung zu erlangen, angesehen zu sein, die Welt zu retten, deinen Tod hinauszuzögern usw.

Zuvor waren weder Fragen da, noch Sorgen – jetzt tun sich viele Fragen auf. Nichts passt zusammen. Wir glauben, dem Leben nachhelfen zu müssen, wir schauen voraus, um Fehler zu vermeiden. Wir müssen uns kümmern, weil sonst nichts geschieht. Der Ist-Zustand erscheint uns fast nie in Ordnung, deshalb geben wir unser Bestes und kämpfen gegen ihn an. Wir müssen in Habachtstellung sein, weil wir nie wissen können, was auf uns zukommt. Wir lernen alles zu kontrollieren, damit nichts Unvorhergesehenes eintreten kann. Wir versuchen mit Kraft und Anstrengung das Leben so hinzubiegen, dass es unseren Vorstellungen entspricht. Wir bemühen uns, nicht aus der Rolle zu fallen und ein entsprechendes Bild in der Gesellschaft abzugeben. Schon morgens in der Früh beginnen wir uns zurechtzurücken, damit wir den kommenden Tag gut überstehen. Wir stellen uns entweder größer und wichtiger dar, als wir sind oder machen uns kleiner. Denn in jedem Moment könnte gesehen werden, dass hinter dieser Fassade niemand ist.

Möglicherweise sind wir nun auf dem spirituellen Weg und wollen diesen weltlichen Kampf nicht mehr mitspielen. Wir werden spirituelle Menschen und suchen die Erleuchtung. Das gibt uns irgendwie das Gefühl, ein besserer Mensch zu sein als diejenigen, die das profane Leben leben. Schließlich sind uns der materielle Reichtum und die persönliche Errungenschaften nicht mehr so wichtig. Wir werden zu Beobachtern des Lebens und können von Gefühlen wie Traurigkeit oder Wut nicht mehr hingerissen werden. Wir sind nun unberührt davon. Vor allem wissen wir jetzt, worum es geht. Wir sind viel bewusster und unser Bewusstsein erweitert sich stetig. Wir entwickeln uns auf höhere Ebenen, von denen die normalen Erdenbürger keine Ahnung haben. Manchmal haben wir ein Lächeln auf dem Gesicht, das zeigt, dass wir längst wissen, wie die Dinge laufen. Natürlich hoffen wir, dass die anderen sehen, dass wir irgendwie anders sind. Wir haben einen gewissen Status erreicht, der uns erhabener und spiritueller erscheinen lässt als die anderen. Wir haben für jede Frage die passende Antwort, denn schließlich sind wir der Freiheit und der Erleuchtung einfach näher. Nicht zu schweigen von unseren Glückseligkeitszuständen, zu denen ein normal Sterblicher einfach keinen Zugang hat. Die können uns leid tun, die rackern sich da unten ab, während wir schon am Abheben sind. Bald berührt uns nichts mehr, dann stehen wir über allem und sind frei. Ja, es war ein sehr schmerzhafter Prozess, aber jetzt sind wir durch und können anderen helfen, auch frei zu werden. Wir reichen ihnen gerne die Hand, aber sie müssen schon selbst wollen. Manche strengen sich auf ihrem Weg einfach nicht genügend an und sind selbst schuld, wenn sie noch nicht frei sind. Sie sind noch lange nicht da, wo wir sind.

Wir können unzählige Bücher füllen mit solchen Konzepten und Aussagen. Sicherlich gibt es auch einige Gurus und Lehrer, die auf ähnliche Weise denken und lehren. Das ist in Ordnung, denn auf der relativen Ebene gibt es einfach alles. Es ist die Ebene der Polarität, die sowohl die „Wahrheit" als auch die „Unwahrheit" bzw. die Verwechslung zulässt. Auf der einen Seite finden wir die Klarheit und auf der anderen die Täuschung. Hier gibt es scheinbar Erleuchtete und dort sind die Nicht-Erleuchteten. Und letztlich ist einfach alles das was ist, denn ohne Sein – kein Schein.

Je mehr es um Erleuchtung und absolute Freiheit geht,
desto subtiler werden die Masken und Täuschungen.

Du entkommst der Liebe nicht

Das Leben lädt dich in jedem Moment ein, in seine Arme zu fallen, dich darin aufzulösen und einfach zu sein. Die vibrierende und stille Präsenz der Gegenwärtigkeit ist immer hier und jetzt. Sie wartet nicht auf besondere Augenblicke, sie ist jeder Augenblick. Sie ist die vollständige Sättigung des Niemand-sein und das leere Alles-sein.
Trotz Verschlossenheit und Widerstand steht das Leben hier mit offenen Armen. Es macht nicht halt vor Traurigkeit, Angst und Schmerz, es macht nicht halt vor dir. Es gibt sich immer bereitwillig hin, selbst wenn es permanent abgelehnt wird. Sogar diese Ablehnung nimmt es in Kauf. Es gibt dich nicht auf. Ist das nicht unglaublich? Es gibt dich nicht auf und sagt nicht: jetzt habe ich genug von dir, ich verschließe mich jetzt und lass dich nicht mehr herein.

Nur das scheinbare Ich hat Angst,
in der Liebe zu ertrinken.

Immer noch ist dieses Sein hier, gerade jetzt, gerade hier. Es küsst dich, es liebt dich, es gibt sich dir hin. Es lässt sich zurückstoßen und beschimpfen, es lässt sich treten und verdammt noch mal ausschließen. Und immer noch ist es bereitwillig hier. Es riskiert in jedem Moment alles. Ist das nicht bedingungslose Liebe?

Ist es möglich, dass der Verstand dir diese Wahrheit gerne andersherum verkauft und dir das Gefühl vermittelt, das Leben meine es nicht gut mit dir? Gott sei gegen dich? Das ist eine grundlegende Verwechslung, die sich möglicherweise durch dein ganzes Leben zieht.

Und weißt du was?
Du entkommst dieser Liebe niemals. Sie hat dich von Anfang an berührt und wird dich nie mehr loslassen. Sie ist verliebt in Das, was du bist. Selbst wenn du die Wahrheit verdrehst und die Liebe zur absoluten Gefahr deklarierst – sie liebt dich und hält immer noch die Arme offen. Du kannst dich abschotten wie du willst, du kannst dich schützen wie du willst, du kannst dich verschließen wie du willst, du kannst Widerstand leisten wie du willst, du kannst das Leben bekämpfen wie du willst – sie gibt sich hin, in jedem Moment. Sie bejaht dich, sie nimmt dich auf, sie küsst dich, sie hält dich in ihren Armen, sie lädt dich bedingungslos ein, wieder und wieder und wieder.
Sie kann nicht anders, als zu lieben, obwohl sie nichts weiß über Liebe. Sie weiß nichts über sich und sie weiß auch nichts über dich. Sie ist.

Du bist Das!
Du entkommst dir niemals.
Welch unsagbares Glück.

VIII. Jenseits von Freiheit und Erleuchtung

In den Meetings gibt es nichts zu holen

A: Die Meetings sind Einladungen von Sein zu Sein. Sie werden nicht angeboten, weil du etwas brauchst oder erreichen kannst. Denn was du bist, ist schon DAS. Aber derjenige, für den du dich hältst, ist hoffnungslos verloren, denn er wird Das weder verstehen noch erreichen können. Die Meetings bringen dich also keinen Deut weiter und das ist gut so. Sie bestärken dich nicht unbedingt in dem Gefühl, dass du nun der Erleuchtung ein Stück näher gekommen bist. Nein, sie lassen das ganze illusionäre Gedankenkonstrukt offensichtlich werden, sodass es von selbst wegfallen kann, wie auch immer und wann auch immer. Sie lassen dich direkt in Kontakt kommen mit der Lebendigkeit des Seins.

F: Ja, die Geschichten können sich hier nicht breit machen. Sie erhalten einfach nicht den Raum. Ich finde es unglaublich, ich weiß gar nicht mehr, was ich vorhin gesprochen habe.
Es ist spürbar, dass es vollkommen egal und sinnlos ist. Ich dachte kurz, dann brauche ich ja auch nichts mehr sagen. Und gleich darauf war klar, ich habe es einfach nicht in der Hand, ob ich etwas sage oder nicht. Es wird etwas gesprochen oder nicht. So kann ich es mir auch nicht sparen, weil es einfach nicht in meiner Hand liegt.

❦ ❦ ❦

F: Da sind immer wieder Zweifel da. Es bringt nichts, hierher zu kommen, ich muss es selbst herausfinden.

A: ES findet sich selbst, niemand findet ES.

F: Ich weiß das und trotzdem taucht es immer wieder auf.

A: Ja, warum nicht?

F: Es sollte nicht auftauchen. Schon so oft habe ich erfahren, dass da nichts ist und dass ich mich als was auch immer erfahre. Ich weiß das und trotzdem kommen immer wieder diese Zweifel, ob es tatsächlich so ist. Das macht mir einfach Angst.

A: Dass Worte gehört werden und etwas erkannt wird oder auch nicht, hat nichts mit dir zu tun.
Dass eine schöne Erfahrung oder eine unangenehme gemacht wird, hat nichts mit dir zu tun. Dass Erwachen geschieht und Realisieren deiner Natur, hat nichts mit dir zu tun. Da ist definitiv kein Individuum, das etwas erkennt und erreicht.

F: Oh Gott! Das wäre echt blöd.

F: Eine Freundin von mir liegt gerade im Sterben. Sie wechselt ständig hin und her zwischen sterben wollen und nicht sterben wollen. Ich frage mich, wie schwierig das ist, körperlich zu sterben, aber auch, wie schwer es ist, wenn das Ego stirbt.

A: Wenn wir hier zusammen sind, geht es nur ums Sterben. Ihr seid hier, weil ihr sterben wollt, auch wenn ihr es nicht bewusst wählt. Ihr seid nur aus diesem einen Grund hier. Möglicherweise erlebt das Ich eine existentielle Todesangst und rebelliert oder bäumt sich auf. An einem gewissen Punkt zeichnet es sich deutlich ab, dass kein Ich existiert, das sterben könnte. Sterben ist ein energetischer Vorgang: einerseits ist da die Kontraktion des Ichs, die als Jemand bestehen bleiben will, andererseits findet eine Ausdehnung in die Unendlichkeit des Seins statt. Die Komprimierung des „Ich-bin-jemand" kann bis in den Körper als Spannung erlebt werden, während dessen Auflösung eine vollkommene Entspannung mit sich bringt.

F: Ich kann spüren, dass es da eine andere Ebene gibt.

A: Es ist keine andere Ebene. Alles ist Hier.

Das Sein sucht sich Formen und Ausdrucksmöglichkeiten, wie es sich sehen und selbst begegnen kann. Meetings sind eine Form von vielen, allerdings eine sehr direkte und unmittelbare. Das Sein will sich selbst hören, mit sich selbst sprechen und sich selbst berühren. Es bekommt nicht genug von sich selbst. Das ist Verliebtsein. Es liebt aber auch die Form der Komprimierung als identifiziertes Ich, in der es sich wieder und wieder als Jemand erfährt und eine gewisse Rolle in der Welt einnimmt.

F: Ich habe es aber auch schon so erlebt, dass ich aus einem Meeting gegangen bin, sehr identifiziert als Person.

A: Na klar, warum nicht? Das ist nicht weniger Sein. Es ist Sein, das sich identifiziert als Ich.

Du kannst keinen Deal machen, indem du 5 Mal zu Meetings gehst und dann freier bist. Vielleicht ist das so, vielleicht aber auch nicht. Denn der, der einen Deal macht und kalkuliert, ist der, der nicht wirklich ist.

F: Ein bisschen sterben geht nicht.

A: Und ein bisschen frei sein geht auch nicht.

F: Erzähl...

A: Es gibt nur absolute Freiheit. Alles andere ist unfrei.

F: Hä???

A: Das Absolute ist immer frei. In der Freiheit kann Unfreiheit auftauchen. Aber das ist Unfreiheit, das ist nicht ein bisschen frei oder ein bisschen unfrei. Der, der sich freier fühlt, ist unfrei. Der ist immer unfrei.

F: Jetzt ist es klar.

A: Person-sein an sich ist schon unfrei. Deshalb muss die absolute Freiheit unpersönlich sein, sie hat nichts mit dir zu tun.

– Stille –

F: Ich spüre, wie in mir so ein Antrieb aufkommt, jemand sein zu wollen.

A: Ja, das ist das Gegenstück zum Sterben und zum Freisein, von dem wir hier sprechen. Wunderbar, auch das ist eingeladen.

F: Ich spüre, dass ich nichts bin und strenge mich an, jemand zu sein. Ich möchte gesehen werden und besonders sein. Ich bin verkrampft, weil ich nicht mehr will, dass es so ist. Ich gehe dann in Abwehr, um das alles nicht spüren zu müssen. Kann ich da etwas durchschauen? Das läuft ja alles nur im Kopf ab, das sehe ich. Es war lange Zeit so ruhig und friedlich in mir und jetzt kommt plötzlich so etwas (weint).

A: Es ist der Verstand, der aktiv ist und versucht, sich als Jemand zu behaupten. Das Sein jedoch ist unendlich. Es schließt alles mit ein, selbst solche Gedanken und Gefühle, wie du sie geschildert hast. Das Sein hat kein Problem damit.

F: Ich sehe das auch und es läuft trotzdem so.

A: Das muss deshalb nicht aufhören. Die Liebe schließt alles mit ein. Sie nimmt sogar den Gedanken mit herein, dass es so nicht sein sollte.

F: Irgendwie ärgert mich das gerade. Es kann doch nicht sein, dass es so okay ist, oder?!

Der Lehrer verschwindet

Ein Weiser will dir nichts geben und muss dich nirgendwo hinbringen. Er lässt dich hoffnungslos sein, indem er dir keine Versprechungen und Methoden anbietet. Er hilft dir nicht, das Gefängnis deiner Vorstellungen schöner zu gestalten und auszubauen. Im Gegenteil, er unterstützt dich darin, die Mauern zu zerstören. Er verweist dich auf das, was du schon bist – was du also nicht erreichen kannst.

Wird die Natur des freien Seins realisiert, verschwindet der Sucher und der Lehrer. Es stellen sich keine Fragen mehr. Freiheit dehnt sich aus, in der sich jegliche Bezugs- und Anhaltspunkte auflösen. Einteilungen und Zuordnungen in richtig und falsch fallen weg, weil gesehen wird, dass alles so ist wie es ist. Kein Gedanke, kein Konzept, kein Maßstab, keine Gesellschaftsnorm und keine scheinbare Person kann sich als etwas Separates halten oder aufhalten in dem, was ist.
Es gibt keine Suche mehr, weil sich der Sucher im Gesuchten aufgelöst hat. Alles ist Das.

Wellen gehen hemmungslos über jegliche Grenzen hinaus und bringen dich zurück in den Ozean des All-Eins-Seins.

Es erfordert Mut, alles, was du je gehört und gelesen hast, was du je gedacht und gelernt hast über dich und das Leben, hinter dir zu lassen. Damit meine Ich auch, dass du alle Worte und Konzepte, die in diesem Buch stehen oder die du dir bereits zurechtgelegt hast, vernichten kannst, auch mich, auch was du über mich denkst und wie du mich siehst. Vergiss nicht, dass diese Worte nur Fingerzeige sind. Das Absolute kann niemals beschrieben werden, weil es jenseits von Worten und Vorstellungen ist.
Du bist Das, was noch nie jemand vor dir berührt hat, was noch nie jemand gesprochen hat, was noch nie jemand vor dir gesehen hat. Du bist immer das Erste Mal.

Für mich gab es zwei sehr wichtige Personen und Lehrer, die ich beide nicht persönlich kennen lernte, weil sie schon tot waren. Es waren Jesus und Ramana Maharshi. Während des scheinbaren Befreiungsprozesses gab es eine Zeit, in der viele Bibelsätze auftauchten und klar verstanden wurden. Danach löste sich die Verbindung zu der Person Jesus auf. Er ist Das, was ich bin und Das, was du bist, weil es nur Eins gibt. Als ich in den Ashram von Ramana Maharshi in Indien kam, wusste ich, dass ich zu Hause bin. Er verkörperte für mich das Absolute, weil er Niemand war. Das, was ich in Ramana sah, habe ich geliebt und wäre dafür gestorben – und die Maria Anna ist irgendwann gestorben. Aber Ramana ist auch gestorben. Die Person Ramana, die ich zuvor sah, löste sich auf und wurde zu Allem und zu Nichts. Es hat weder einen Ramana noch eine Maria Anna gegeben, noch gibt es dich, der du dieses Buch in den Händen hältst und liest.

Die Suche nach Befreiung und Erleuchtung

Die Mehrheit der Menschen sucht Glück und Freiheit in weltlichen und materiellen Dingen, die vergänglich sind. Vielleicht hoffen sie jede Woche auf den Lottogewinn, oder sie suchen die Erfüllung in der Familie, der Partnerschaft, der Karriere oder der Spiritualität. Inzwischen sind immer mehr Menschen auf der Suche nach ihrer wahren Natur und wollen aus dem Traum erwachen. Wenn wir das Phänomen dieser Suche genauer betrachten, dann scheint es, als würde dem Suchenden etwas fehlen. Er geht davon aus, dass das freie Sein außerhalb von ihm liegt – etwas, das er selbst noch nicht ist. Deshalb ist er bereit, so manche Mühe auf sich zu nehmen, um das Gesuchte zu finden.

Versuche nun folgende Worte tiefer zu erfassen:
Die Suche nach Einssein impliziert ein Zweites: Zum einen das scheinbare Ich als den Suchenden und zum anderen die Einheit (Befreiung oder Erleuchtung) als das Gesuchte. Aus Eins werden Zwei und diese Zwei sind die Voraussetzung für den Glauben, dass dir etwas fehlt und die Suche, die daraus resultiert. In Wirklichkeit ist alles ein Sein. Das bedeutet, dass es kein Zweites, nichts Separates und kein Außerhalb gibt. So kann die Suche tatsächlich nur in der Einheit stattfinden. Wenn alles das Eine ist, wie könnte es dann einen Sucher geben, der nicht das Eine ist? Wie könnte etwas gefunden werden, das nicht der Sucher ist? Der Sucher unterscheidet sich nicht vom Gesuchten. Es gibt nur Das.
Das Eine spielt das Such-Spiel immer nur mit sich selbst. Das Spiel ist deshalb so interessant und spannend, weil es echt erscheint, d. h.

das Sein erscheint als Person und bewegt sich nun in einem begrenzten ich-bezogenen Rahmen. Es scheint, als würde es seine absolute Freiheit aufgeben, um sich als Jemand zu erfahren. Es kann jedoch seine Unendlichkeit nicht verlieren, weil es Unendlichkeit ist. Betrachtest du das Leben aus der Perspektive einer Person, ist es in gewisser Weise eingeschränkt und festgefahren. Es wird als zusammenhängende Geschichte erlebt, der du eine immense persönliche Bedeutung zuschreibst und für die du dich verantwortlich fühlst.

Die Suche und der mit ihr verbundene Mangel und das Leiden hören nicht auf, wenn ein Ziel erreicht wird. Die Suche verlässt dich, wenn zutiefst gesehen wird, dass es noch nie einen Zweiten, ein Ich gab, das sich je auf die Suche gemacht hat. Was ich damit sagen möchte, ist, dass keine Person durch ein erreichtes Ziel dauerhaft glücklich und satt sein kann und dass auch keine Person je erleuchtet sein wird. Wenn du Befriedigung in Sex und Alkohol, beim Rauchen, beim Einkaufen, in der Karriere, in philosophischen und intellektuellen Diskussionsrunden oder in einem guten Essen findest, dann ist das wunderbar. Sie hält für eine Weile an und will dann wieder von neuem befriedigt werden. So ist das einfach in dem persönlichen Lebensspiel. Wenn du aber das suchst, was du bist – das nie kommt und nie geht, das durch nichts beeinträchtigt werden kann, das ewiges Sattsein schon ist – dann mache dir bewusst, dass du Das nie finden wirst. Du bist Das schon. Denn der Sucher, der du zu sein glaubst, ist nicht wirklich. Er ist eine reine Einbildung, ein Phantom, das nur noch nicht näher betrachtet und letztlich durchschaut wurde. So brauchst du dich tatsächlich nicht einmal um die Suche kümmern, weil es in Wirklichkeit keinen Suchenden gibt. Aber du kannst die Suche auch nicht beenden, weil es kein Ich gibt. Du bist dem, was Ist, ausgeliefert, weil du das bist, was ist.

Der Mythos „Erleuchtung"

Erleuchtung stellt eine Art Kulminationspunkt dar, in dem alle unsere Sehnsüchte nach Vollkommenheit, einem erhabenen und glückseligen Lebensgefühl zum Ausdruck kommen. Nicht jeder ist auf der Suche nach Erleuchtung, aber jedes menschliche Wesen sucht letztendlich nach dem, was durch Erleuchtung zum Ausdruck kommt: Erfüllung, dauerhaften Frieden, Liebe und Einssein. Die Crux an der ganzen Erleuchtungsgeschichte ist, dass keine Person Erleuchtung erlangen kann. Sobald das scheinbare Ich als illusionäres Gedankenkonstrukt durchschaut wird, ist klar, dass alles bereits erleuchtet ist. Es gibt nur reines Licht, das sich selbst anstrahlt und als alles leuchtet. Jeder Gedanke und jedes Bild über dieses Phänomen hat nichts mit Erleuchtung zu tun – genauso wenig, wie alle diese Worte, die ich hier schreibe. Erleuchtung ist bereits und das Sein ist realisiert. Dem kann nichts hinzugefügt werden. Es kann nicht erleuchteter oder freier werden.

Bei der Erleuchtung kommt
Nichts und Alles für Niemanden heraus.

Der Verstand oder die Pseudo-Person ist am Mythos „Erleuchtung" interessiert und nicht an Nichts. Doch alles, was wir darüber denken und wissen, ist nicht NICHTS. Selbst Erwachen ist letztlich ein Phänomen, das im Nichts als solches erscheint.

Du aber bist die konstante Leere und Stille,
in der die Phänomene erscheinen.

Die Seifenblase platzt

Wie zufällig wird in mir eines Abends bestätigt, dass kein eigenständiges Individuum existiert. Endloses Staunen breitet sich aus über dieses große Szenario von der Sehnsucht nach Erleuchtung. Die Erleuchtung war wie eine große Seifenblase, die immer größer aufgeblasen wurde, und es ging nur noch um diese Blase. Plötzlich platzt sie und nichts bleibt zurück. Stille und Leere, die sich erfüllt als die Totalität des Seins. Ich spreche hier von einer vibrierenden Lebendigkeit und einer grenzenlosen Freiheit, die einfach ist. Das Unglaubliche daran ist, dass es schon immer so ist.

Die absolute Erleichterung und Befreiung, niemand zu sein

Als das Staunen und Wundern über diese anstrengende Erleuchtungsgeschichte verebbte, wurde noch ein deutliches Ende wahrgenommen. Enden kann nur, was angefangen hat. Das Ende war das endgültige Sterben der Idee, eine getrennte Person namens Maria Anna zu sein. Die scheinbare Vergangenheit war ausgelöscht. Es hat sie noch nie gegeben, keine Spur von ihr. Welche Freude und unermessliche Freiheit, Nichts und Alles zu sein. Aufzugehen in der Unendlichkeit, nach Hause zu kommen in die Arme des Geliebten, der ich selbst bin. Zu wissen, dass alles gut und richtig ist, wie es ist, und nichts verändern zu müssen, weil alles DAS ist. Unvorstellbar, dass ich jede Idee und jedes Konzept stets verwerfen kann, weil es einfach nur Gedanken sind und sie als Gedanken gesehen werden – und gleichzeitig zu sehen, dass alles vollkommen in Ordnung ist, weil es das ist, was ist. Kein Druck mehr, irgendeiner Idee hinterher rennen zu müssen, weil etwas erreicht werden muss oder weil etwas nicht stimmt. Das, was gesucht wurde, ist schon immer hier und es hat sich noch nie jemand auf den Weg gemacht.

Erwachen und sehen, dass es keine separate Person gibt, ist das Natürlichste und Einfachste überhaupt. Jemand zu sein, wo in Wirklichkeit nichts und niemand ist, das ist verdammt schwer. Diesem Druck bist du permanent ausgesetzt, weil du versuchst, dich zu beweisen. Du hast dich an diese Falschheit so sehr gewöhnt, dass du vielleicht nicht einmal die wahnsinnige Anstrengung und Anspannung wahrnimmst, die sich manchmal bis in den Körper niederschlagen.

Unschuldiges Sein

Dieses Kapitel ist dem unschuldigen Sein gewidmet, das ich schon als Säugling war. Als Kind habe ich irgendwann diese Unschuld geopfert und verleugnet, um als Person in der Welt einen Platz einzunehmen. Ich wollte dazugehören und jemand sein.

Nun hat sich das unschuldige Sein wiedergefunden. In Wirklichkeit war es nie weg. Es ist unbeschreiblich, diese Schönheit und Unschuld in allem und jedem zu sehen. Ich liebe es zu sehen, wie die Natürlichkeit und Einfachheit des Seins von einem zarten Zauber durchwoben ist. So still, intim und geheimnisvoll und doch so offensichtlich.

Von Kind an war ein tiefes natürliches Sehen da. Es war, als könnte ich durch die Schleier des „Scheinbaren" sehen, hinter denen sich die Wirklichkeit verbirgt. Es war schwer, in dieser für mich zu „groben und lauten Welt" zurechtzukommen. Ich war ein zurückgezogenes und scheues Kind und hatte nicht das Vertrauen, mich so zeigen zu können, wie ich bin. Ich hatte den Eindruck, als hätten die Menschen einen Plan und wüssten, wie das Leben funktioniert, wie man sich verhält und wie die Regeln sind – und ich wüsste nichts. Mit der Zeit eignete ich mir ein Verhalten an, das nicht meiner Natürlichkeit entsprach. Das ging sogar so weit, dass ich das, was ich bin, verleugnete. Das schien für mich die einzige Möglichkeit zu sein, in dieser Welt bestehen zu können. Ich legte mir unglaublich viele Hüllen zu. Persönliche Verhaltensweisen, mit denen ich mich identifizierte und die mich völlig entfremdeten und eine Art Puffer bildeten zu dem, was ich wirklich bin. In der Jugend- und späteren Erwachsenenzeit war mein klares Sehen immer noch da, es verschwand nie. Doch ich hatte gelernt, es so gut zu verstecken, dass ich mich in der äußeren Welt fremdbestimmt, falsch und gefangen fühlte. Manchmal wollte ich meine „falsche" Haut herunterreißen. Latent wusste ich immer, dass ich das alles nicht sein konnte, was ich gelernt hatte und glaubte.

Schein oder Sein?

Während meines Befreiungsprozesses kristallisierte sich immer deutlicher heraus, dass das Person- sein nur „Schein"(bar) ist. Nichts davon ist wahr und echt. Mir wurde bewusst, wie viel Anstrengung es erfordert, eine Schein-Person zu sein. Da ist niemand, und nun muss so getan werden, als wäre jemand da, der sein Leben im Griff hat. Diesen Schein wollen wir meist auch noch zur Schau stellen und besonders ausschmücken. Wir verlangen uns viel Künstliches ab, um unserem Idealbild einigermaßen zu entsprechen. Das fühlt sich weder frei noch zufrieden und glücklich an.

Wenn der Schein abfällt – der nur illusionär bestehen kann – dann kommt das natürliche Sein zum Vorschein, das, was du wirklich bist und von dem du ohne jeden Zweifel weißt: Das bin ich.
Das hat weder mit einer Vorstellung zu tun, noch mit der Gesellschaft oder einem Klischee. Es hat nicht einmal etwas mit dir zu tun. Es ist unpersönliches freies Dasein. Der menschliche Charakter mit all seinen Schwächen und Vorzügen bleibt. Aber auch der hat nichts mit dir zu tun.

Erwachen und Erwach(s)en sein

Interessanterweise sind sich die Worte „erwachsen" und „erwachen" sehr ähnlich. In gewisser Weise ähneln sie sich auch in ihrer tieferen Bedeutung. Ein Mensch, der erwacht ist, weiß: Ich bin, der ich bin.

Erwachsen werden könnte damit zu tun haben, sich seiner wahren Natur anzunähern. Wie könnte das konkret aussehen? Indem du anfängst, selbst nachzudenken, zu hinterfragen und genauer hinzuschauen, anstatt andere für dich denken zu lassen. Wenn dieses Schauen tiefer geht, hat es nichts mehr mit dem Verstand zu tun. Es ist ein Sehen, das unpersönlich ist und von selbst geschieht. Es ist vollkommen frei von persönlicher Wertung, Beurteilung und Einteilung. Das freie Sehen eröffnet einen Raum für die natürliche Übereinstimmung mit dem Augenblick. Ein kleines Kind kann bockig und trotzig sein, weil es seinen Willen durchsetzen will und jetzt im Moment das rote Spielzeug haben will. Wenn es das Spielzeug bekommt, kann sein, dass es dieses aus Trotz wegwirft und nun das gelbe will. So ähnlich reagiert manchmal unser Verstand, obwohl wir scheinbar erwachsene Menschen sind. Wir sind mit nichts zufriedenzustellen. Der Erwachsene und der Erwachte erkennen die Wirklichkeit an. Sie legen sich nicht mit dem Leben an, weil sie wissen, dass es keine separate Macht gibt. Alles ist Das.

Zu erforschen und genauer hinzuschauen, kann manchmal sehr schmerzhaft sein, weil dir bewusst wird, an welche Märchen du geglaubt hast. Sie hatten scheinbar dich ausgemacht. Der Traum war zu deiner Realität geworden. Aber wach werden ist so befreiend, dass der einmal geworfene Stein immer tiefer und tiefer fällt und das natürliche Sein, das du bereits bist, sich ausdehnt ins Unermessliche. Deshalb geht es hier nicht darum, neue Konzepte zu entwerfen und ein weiteres Erwach(s)enenbild zu schaffen. Jedes Erwachen geschieht sowieso auf individuelle Art und Weise, weil das Sein unendlich kreativ und vielfältig ist. Es braucht nichts, keine Technik und keine Bemühung – und es braucht alles, nämlich das, was eben geschieht.
Vielleicht hast du einfach den Mut, deine Gedanken und Glaubenssätze kritischer zu betrachten und in ihrer Beständigkeit anzuzweifeln. Die Wurzel von alledem ist allerdings der Ich-Gedanke, an den geglaubt wird – und der sich in jedem Augenblick als reine Wahnidee und Illusion entpuppen könnte. Wer gesteht sich das schon freiwillig ein? Der, der sich das eingesteht, ist immer noch ein Gedanke. Du kannst es wieder einmal nicht machen.

Erwacht sein ist jener Zustand, in dem das klare Sehen konstant ist: keine Verwechslung und Täuschung ist mehr möglich. Gedanken werden als Gedanken gesehen und Illusionen als Illusionen durchschaut. Nichts Zweites kann sich als eigenständige Existenz halten. Es herrscht totale Zustimmung und Übereinstimmung mit dem Augenblick. Kein „sollte" oder „müsste", sondern: das ist es. Kein „wenn dann", sondern: so ist es. Nichts anderes wird akzeptiert als die Wirklichkeit, weil sie die Totalität des Seins ist. Dann gibt es keinen Gott und keine Autorität mehr außerhalb von dir.

Das Schöne ist, dass das natürliche Sein weder mit einem Konzept über das Erwachsensein zu tun hat, noch mit einer Person, die erwachsen werden könnte.

Es ist Freisein von jeglicher Idee über die Freiheit und es ist Dassein, was immer hier und gleichzeitig jenseits davon ist.

Stilles Dasein

Ich sitze am Tisch und schreibe. Die Stille ist so durchdringend, dass die Hand beim Schreiben innehält. Ich schaue aus dem Fenster und die Leere löst alles auf. Es ist ein Schauen, das selbst das Schauen verschwinden lässt. Ich sehe die Welt, die Bäume und ich sehe nichts. Zwei Rehe tauchen auf der Wiese auf. Sie gucken, rennen, bleiben stehen und rennen weiter. Jeder Moment ist neu und unverbraucht. Es ist nicht so, dass ich etwas sehe, es ist einfach Sehen, das aber auch kein Sehen ist, weil da niemand und nichts ist. Die stille Weite löscht in jedem Moment aus, was sie gerade noch erscheinen ließ.

Nichts unterscheidet mich, die ich hier drinnen am Schreibtisch sitze von dem Baum, der da draußen steht. Es liegt nichts dazwischen, gibt keinen Unterschied, nur in der äußeren Form. Es ist diese eine Quelle, die leer ist und doch alles ist. So bin ich Das, was am Schreibtisch sitzt und ich bin Das, was der Baum ist. Ich bin die Weite, in der das alles erscheint und ich bin Das, welches das alles wahrnimmt. Trotzdem macht es den Anschein, als ob hier jemand sitzt und schreibt und aus dem Fenster schaut und dabei die Natur betrachtet. Welches Mysterium, dass es nicht verstanden werden kann. Es gibt keinen Zweifel, dass die Welt, die Natur, die Menschen und Tiere sind und doch ist so offensichtlich, dass nichts von alledem ist. Allein Erscheinung ist, und ist auch wieder nicht, weil sie ja nur er-scheint. Die endlose Leere hinterlässt keine Spuren. Sie ist so nichts, so alles, so hier, so jetzt, so so so. Sie entzieht sich jedem Wort und sie drückt sich aus über jedes Wort. Sie kann nie verstanden werden und doch ist sie direkt hier und lässt mich sein.

Es taucht ein Gedanke auf, ein Gedanke als Erinnerung. Wie oft habe ich als Maria Anna Momente erlebt, wo ich aus dem Fenster schaute und es war nichts. Es war so still und leer, dass alles in dieser endlosen Stille verschwand. Sie verzehrte die Welt, die Zeit, den Raum, die Grenzen, mich und die anderen. Irgendwann riss ich mich wieder zusammen und versuchte als Person zu funktionieren. Ein schlechtes Gewissen tauchte auf: du kannst den Tag

nicht einfach so verschwenden, indem du nur dasitzt, aus dem Fenster schaust und dabei die Zeit und alles um dich herum vergisst. Hinterher blieb meistens eine gewisse Schwere und Traurigkeit zurück. Klar, denn ich fühlte mich getrennt vom Leben, von den Menschen, von mir selbst und letztlich von Gott.
Mir wird bewusst, dass diese stille Leere mein ständiger Begleiter ist, seit ich lebe. Ich spürte sie immer. Ich versteckte sie und ich bemühte mich so sehr, diese Leere mit Aktivitäten zu füllen. Eigentlich war ich immer am Verschwinden, ich löste mich permanent auf. Aber das durfte nicht sein, ich musste jemand sein und ich musste vor allem beweisen, dass ich jemand bin, dass ich es hinkriege, dass ich fähig bin. Einen Moment nicht aufgepasst, war ich schon wieder nicht mehr. Als Kind war ich so durchlässig, dass mir die Welt wie ein Traum vorkam, inklusive ich selbst. Nichts war starr und manifest, sondern alles löste sich in jedem Moment auf.

Ich schaue aus dem Fenster und sehe, wie sich die Sonnenstrahlen auf der weißen Schneedecke reflektieren. Welche Schönheit, so still und unschuldig. Da ist nur Staunen. Das Sehen sieht sich selbst als Schnee, als reflektierendes Licht, als Das. In dieser unendlichen Weite trinke ich einen Kaffee und es ist klar, Kaffee trinken geschieht einfach. Es geschieht, dass Buchstaben und Worte getippt werden. Aus dem Fenster schauen geschieht, ohne dass ein Wissen darüber da ist.

Ich bin das Tippen, ich bin das Schauen, ich bin das Trinken, ich bin die Tasse Kaffee, ich bin der Baum, ich bin der Schnee und ich bin die unendliche Weite, die sich als Leere zur Verfügung stellt, für all die Fülle, die ist. Ich bin die Weite, in der alles sogleich wieder verschwindet und nichts ist.

Es ist eigentlich nicht korrekt zu sagen, dass im Moment etwas erscheint und sogleich wieder abtaucht und etwas Neues erscheint. Diese Sicht erfordert Zeit. Eigentlich ist nur DAS, punkt. Das ist so einfach, so einfach, dass es nicht zu verstehen ist. Denn sobald versucht wird, das Wunder in ein Konzept zu packen, ist Trennung da und wir kriegen es nicht zusammen. Der Verstand sagt, entweder ist da die Welt oder sie ist nicht. Aber für ihn ist es nicht möglich, dass nichts und alles ist – gleichzeitig, hier. Wie schön: das macht nichts! Es macht auch nichts, ob das gesehen wird oder nicht. Denn egal, was ist, es ist immer Das. Was spielt es dann für eine Rolle, wie etwas gesehen wird? Na ja, es spielt eben dann eine Rolle, wenn es eine Rolle spielt. Auch das ist es.

Das Wunder der Liebe

Liebe ist das, wonach sich alle Menschen sehnen. Als Person tust du (fast) alles, um geliebt zu werden. Gleichzeitig hast du solche Angst vor ihr, dass du (fast) alles tust, um ihr aus dem Weg zu gehen.

In der Liebe endet deine Existenz als separate Person.
Das weckt die Todesangst,
dich aufzulösen und niemand mehr zu sein.

Liebe ist wahrscheinlich der facettenreichste Begriff, der ebenso viele Widersprüche und Irrtümer, wie auch Wünsche und Sehnsüchte in sich birgt. Wenn ich hier von Liebe spreche, meine ich nicht jenes persönliche Gefühl, das begrenzt ist und abhängig von Personen und besonderen Umständen. Ich spreche über das Wunder der Liebe, das sich nicht beschreiben lässt, weil es sich jeder Vorstellung entzieht. Alles, was du über Liebe weißt und denkst, ist nicht Liebe. Schließlich gleicht die Liebe einem Geheimnis. Wenn du sie in mystischen und ekstatischen Zuständen suchst, scheint sie manchmal unerreichbar zu sein und nur kurzzeitig erlebbar. Bringst du sie in Verbindung mit besonderen Menschen, bist du dazu geneigt, dich von ihnen abhängig zu machen. Willst du sie festhalten, verlierst du sie. Machst du dir ein Bild von ihr, ist sie jenseits davon. Möglicherweise glaubst du, die Liebe erreichen zu können durch selbstloses Mühen, doch sie ist nicht einen Atemzug entfernt von dir. Sie ist schon, bevor du angefangen hast, über Liebe nachzudenken und nach ihr zu suchen. Sie ist, bevor du bist. Sie ist nicht vermittelbar und doch ist ihr jedes Mittel recht, dem Unvorstellbaren Ausdruck zu verleihen. In ihr gibt es kein Erreichen und kein Verstehen, kein Ankommen und kein Weggehen. Du tanzt schon immer den Tanz der Liebe und doch suchst du die

Liebe unentwegt. Niemals kannst du wissen, was sie ist und doch weißt du, dass sie ist.

Liebe – die nichts weiß über Liebe.

In jedem Augenblick bist du eingeladen, in die Arme der Liebe zu fallen. Es ist ein endloses Fallen in das, was ist. Du fällst immer in Liebe, weil es nichts anderes gibt. Die Liebe küsst dich, wenn du dich gefangen fühlst und verwickelt bist in Gedanken und Geschichten. Du liegst in den Armen der Liebe, wenn du einsam, traurig und hoffnungslos bist – in jenen Momenten, von denen du glaubst, dass sie anders sein sollten, dass dies nicht Liebe sein kann. Die Liebe ist hier, wenn du dich geborgen und sicher fühlst, aber auch, wenn du dich nach einer Umarmung sehnst. Sie kennt keine Grenzen, kein Nein und kein Ja-aber.
Wo suchst du die Liebe?
Sie ist nicht dort draußen und sie kommt nicht erst morgen. Sie ist schon immer Hier. Du bist Liebe und du findest dich immer selbst.

Hier besteht der Versuch, Das beschreiben zu wollen – jetzt, hier. Immer wieder lässt mich diese Energie, diese unglaubliche Präsenz, nachts wach sein und umhergehen. Sie drängt sich auf, nimmt sich Raum und ist einfach anwesend. Immer wieder der aussichtslose Versuch, Das beschreiben zu wollen, es in Worte zu fassen und dir mitteilen zu wollen. Die Unmöglichkeit zu erfahren, dass DAS niemals mitgeteilt werden kann. Welch unsagbares Wunder. Ich überlasse dich dem Wunder der Liebe, denn du bist es selbst – hier und jetzt und immer. Hör auf, es irgendwo zu suchen, du übersiehst es ständig. Aber lass dich von ihm finden, lass es dir zeigen, hier, und fühlen, jetzt. Lass es entdecken, lass es zu dir sprechen. Alles, was du je darüber gedacht hast, ertrinkt in ihm, du ertrinkst in ihm, und die Wellen der Liebe dehnen sich mehr und mehr aus. Stille breitet sich aus – Stille, so tief und so weit und so leer... jenseits von Stille und jenseits von allem, was je gewusst werden kann.

Angst statt Liebe oder Liebe statt Angst?

Sobald du dich als separate Person erlebst, brauchst du die Bestätigung und Liebe der anderen. Denn die größte Angst ist, niemand zu sein. Daran hängen sich weitere Ängste: sich wertlos zu fühlen, nicht geliebt zu sein, nicht anerkannt zu werden, nicht gesehen zu werden, nicht dazugehören, abgelehnt zu werden, zu versagen usw.

Wenn deine persönlichen Bedürfnisse nicht erfüllt werden, kommst du schonungslos mit dem natürlichen „Niemand-Sein" in Berührung. Kannst du dir vorstellen, dass du schon zeitlebens darum bemüht bist, genau diese Momente zu vermeiden? Doch du entkommst der Liebe nicht. Schon immer wirst du von ihr berührt.

Du kannst genauer hinschauen und dich fragen, was du alles unternimmst, um jemand zu sein. Was nimmst du alles in Kauf, um als Person akzeptiert und geliebt zu werden, um Aufmerksamkeit und ein bisschen Zuwendung von anderen zu erhalten? Wie sehr strengst du dich an, um als Person wertvoll und ehrenhaft zu erscheinen? Das Pseudo-Ich ist ständig bemüht, sich mit allen möglichen Tricks und künstlich geschaffenen Verhaltensweisen als Jemand darzustellen. Dafür gehst du immer wieder neue Deals ein.

Alle diese Gedankenkonstrukte und Verhaltensmuster beruhen auf Angst, der Angst, niemand zu sein. Das wird zu einem immensen Antrieb, jemand zu sein, und dafür verbiegst du dich und verleugnest das natürliche freie und entspannte Dasein.

Die gute Nachricht ist, dass du hier und jetzt aufwachen kannst aus diesem Traum. Hey, du bist nicht der, für den du dich zu halten gelernt hast und an den du glaubst.

Das Leben lädt dich wieder und wieder ein, in jedem Moment. Es ist das Ehrlichste und Direkteste, was ist. Es betrügt dich nicht, es lügt dich niemals an und es enthält dir nichts vor. Weder enttäuscht es dich, noch hintergeht es dich. Deshalb brauchst du keine Angst vor dem Leben zu haben. Es ist das größte Mysterium, weil du es nie begreifen wirst. Es ist das Einzige, was dich dauerhaft glücklich und satt macht. Es ist ein Wunder.

Willst du wissen, wie das Leben ist? Dann sei still und sieh!

Lass dich für einen Moment auf das ein, was ist. Sei wie ein kleines unschuldiges Kind, das noch nichts über die Dinge weiß, das keine Bedeutung und keine Zuordnung kennt. Wenn der Körper angespannt ist, dann ist es das. Taucht Freude auf, dann ist Freude da. Fließen Tränen, weil du traurig und enttäuscht bist, dann fließen Tränen. Und wenn nichts ist, dann ist einfach nichts. Du könntest entdecken, dass da etwas prickelnd Lebendiges ist, wenn du nichts über die Dinge weißt und sie nicht interpretierst und analysierst. Etwas, das irgendwie nicht zu beschreiben ist. Was soll am Traurigsein schlechter sein als an der Freude? Das sind einfach nur unterschiedliche Emotionen, die im Moment auftauchen und erfahren werden. Tiefer, dahinter und alldurchdringend sind grenzenlose Weite, Stille und Frieden.

In diesem unschuldigen Sein will nichts mehr vermieden werden. Es ist verliebt sein in Das, selbst im Traurigsein und im Verlust eines geliebten Menschen. Du kannst jederzeit in Berührung kommen mit dieser unbändigen Präsenz des Lebens. Sie ist immer hier, wo du bist und sie ist genau so, wie es ist. Bodenloses Ankommen in Dem und nichts anderes mehr wollen als Das.

Mitgefühl

Wie das Wort schon andeutet, geht es um mit-fühlen und nicht um nicht-fühlen. Mitgefühl stellt sich auf natürliche Weise ein, wenn das Pseudo-Ich wegfällt. Das Ich distanziert sich von allem und jedem und das Denken spaltet Einheit in Zweiheit auf. Mitgefühl aber verbindet und eint. Wenn die Grenze von Ich und Du verschwindet, von hier und dort, von oben und unten, von morgen und gestern, dann ist einfach Das. DAS ist grenzenlos, es ist zeitloses Hiersein. Wie könnte es dann jemanden geben, der nicht Das ist? Wie könnte etwas auftauchen, das nicht Das ist? Wie könnte überhaupt etwas nicht Das sein?

Jesus sagte: *„Was ihr für einen meiner geringsten Brüder getan habt, das habt ihr mir getan."* Es gibt keinen anderen da draußen, der ich nicht bin. Wie kannst du glauben, dem anderen etwas anzutun, das du dir selbst nicht antust? Wie kannst du glauben, dass du der andere nicht bist? Dass das, was auf der anderen Seite der Weltkugel vor sich geht, nicht dir geschieht? Wie kannst du glauben, besser oder bewusster zu sein als der andere, wenn es keine Zwei und keine Trennung gibt? Wie kannst du Gott außerhalb von dir suchen, wo es nur einen Gott gibt?

Die Realisation der Absolutheit
übersteigt jegliche Vorstellungskraft.
Sie hinterlässt einen unpersönlichen Ausdruck
von Liebe und Mitgefühl.

Zuhause sein

Meine Freundin und ich wollten im Januar 2004 einen gemeinsamen Kurzurlaub buchen. Es zog mich überraschenderweise nach Indien, obwohl ich genau das vermeiden wollte. Was mich abhielt, ein zweites Mal nach Indien zu reisen, waren einerseits die vielen Menschen und die Armut. Andererseits auch das Chaos, der Lärm auf den Straßen bei Tag und bei Nacht und das scheinbar unstrukturierte Leben der Menschen, das nach meinem damaligen Verständnis ohne Regeln und Ordnung ablief. Das alles löste in mir eine Hilflosigkeit aus, die gleichzeitig ein unangenehmes Gefühl der Grenzenlosigkeit mit sich brachte. Ich recherchierte und suchte im Internet nach dem Ort, an dem einst Ramana Maharshi lebte. Dann kamen wir an diesem einfachen Ort Tiruvanamalei an, und ich fühlte mich absolut wohl, trotz meiner Vorurteile. Ein weiterer Aufenthalt vermittelte das Gefühl von Zuhause-sein.
Weißt du was es bedeutet, zu Hause zu sein? Ich spreche von keinem Ort, keinem Gebäude und keiner Person. Zuhause ist das,

was du bist und das, wonach du dich zeitlebens sehnst. Es ist ein endloses Ankommen im zeitlosen Jetzt. Alles ist gut, wie es ist. Ein tiefer Frieden, der dich immer Hier sein lässt. Kein Wegziehen mehr, keine Sehnsucht nach etwas Besserem und kein Verhandeln mehr mit dem Leben. Zutiefst wissen, dass jeder Augenblick genau richtig ist, wie er ist.

Plötzlich waren keine Abwehr und kein Vermeiden mehr da gegen die Unordnung und die Armut des Landes. Der Gestank und der Lärm waren einfach das, was war. Es gab keine Grenze mehr zwischen den anderslebenden Menschen und mir. In den Augen der Menschen sah ich das Eine, das sich nicht von mir unterscheidet. Alles war eingetaucht in das freie Sein, das ist. Ich fand mich in allem und in jedem wieder. Was ich sah und wahrnahm, war von Vollkommenheit und Schönheit durchdrungen. Man hätte mir alles Mögliche bieten können, ich hätte nichts anderes vorgezogen. Zuhause sein und zutiefst glücklich sein haben weder mit Materie und Wohlstand zu tun, noch mit Personen oder Umständen. Es hat nichts mit dem zu tun, was du mit den Sinnen wahrnehmen, sehen und erfassen kannst. Der unsagbare Frieden stellt sich dann in dir ein, wenn du nichts Anderes mehr suchst und nichts Besseres mehr brauchst, als das, was gerade ist. Wenn du die Sattheit selbst bist, in jedem Moment.

In Tiruvanamalei wohnten wir in einem einfachen Zimmer. Über dem Bett hing ein Foto von Ramana. Ich las in einem Büchlein, dass sich die Leute um ihn scharten, als er im Sterben lag. Sie wollten nicht, dass er stirbt und fragten sich, wie alles weitergehen sollte ohne ihn. Er sagte: „Where should I go?“ (Wo soll ich hingehen?) Diesen Satz musste ich immer wieder lesen. Er verbarg ein Geheimnis für mich. Ich spürte etwas Unbegreifliches und Weites in diesem Satz und doch verstand ich ihn nicht wirklich. Es war, als könnte ich mir vorstellen, wie süß Honig schmeckt, hätte ihn aber noch nicht selbst gekostet. Where should I go? Dieser Satz bedeutete für mich, dass es keinen Ort oder Winkel gibt, wo er nicht sein kann. Es existiert nichts, was er nicht ist. Er ist Nichts und er ist Alles. Was stirbt, ist lediglich der Körper. Zurück bleibt kein Ramana und keine Spur von ihm, weil er DAS ist. DAS ist unsterblich und deshalb frei von Körper und Materie. Ich verstand diese Sätze, aber sie sind in mir erst später aufgegangen, als sich das Eine vollständig ausgedehnt hat. Damals war ich noch auf gewisse Weise an Ramana gebunden. Es existierte noch eine Maria Anna, die suchte und die sich nach dieser absoluten Liebe sehnte, die ich in ihm sah. Irgendwann verschwand dieser Satz, es verschwand die Maria Anna, die suchte und es verschwand Ramana, der gesucht wurde. Zuhause sein, ohne dass jemand irgendwo angekommen wäre.

Die Suche ist vorbei. Das Eine hat nur geträumt, dass es getrennt ist von der Einheit. Doch jetzt hat es erkannt, dass es schon immer Hier ist und noch nie weg war.

Grenzenloses und raumloses Sein,
nichts und niemand sein,
ohne Namen und ohne Heimat.

DAS, was vor jeder Sehnsucht und Heimat ist.
DAS, was keinen Platz braucht,
weil es Alles und Nichts ist.

DAS, was die Heimat ist,
was jeden Winkel und jede Ecke ausfüllt,
auch jedes Nicht-vorhanden-sein.

Ich bin noch nie weg gewesen.

Absolute Freiheit
Eine Tagebuchaufzeichnung über Freiheit

„In meinem Kopf und im ganzen Körper ist ein Vibrieren wahrnehmbar. Es ist, als würde ein totaler Umbruch in mir stattfinden, eine Erneuerung. Als würde eine Auslöschung von allem stattfinden und gleichzeitig ist klar, dass noch nie etwas vorhanden war, also kann auch gar nichts ausgelöscht werden. Etwas ist gegangen, was noch nie da war. Etwas ging und wurde durch Nichts ersetzt. Ich

bin so licht und leicht, völlig durchlässig. Frei sein von allem, von jedem, von jeglicher Idee, was Freiheit und Erleuchtung bedeutet. Niemand hat etwas davon und nichts ist je geschehen. Zum ersten Mal fühle ich mich absolut stimmig und am richtigen Platz."

„Die Runde des Ich-Lebens ist abgeschlossen. Das Rad der Wiedergeburt hat aufgehört sich zu drehen. Aus dem Rad der Wiedergeburt auszusteigen, bedeutet zu wissen, dass es kein Individuum gibt, das je geboren wurde oder sterben kann. Dann ist das Nirvana, das Paradies oder der Himmel direkt hier. Ich fühle mich wie im Urlaub, der kein Ende mehr hat. Es gibt nichts mehr zu tun. Alles ist in jedem Moment offen und ich kann tun und lassen, was ich will. Wie gut, dass es niemand gibt, der tun und lassen kann, was er will, denn sonst müsste ich mir jetzt Gedanken machen, was ich will und was ich nicht will."

Absolute Freiheit kann unmöglich etwas mit dir zu tun haben, denn alles, was du erreichen kannst, kannst du auch wieder verlieren. Und alles, was du sein kannst, kannst du auch wieder nicht sein. Wenn du frei bist, bist du auch unfrei. Wenn du erleuchtet sein könntest, könntest du in jedem Moment die Erleuchtung wieder verlieren. Das hat alles nichts mit absoluter Freiheit zu tun. Die Freiheit muss absolut und uneingeschränkt sein. Sie muss über dich und über die Freiheit selbst hinausgehen, denn sonst ist sie bedingt und zieht immer ihr Gegenteil mit sich, nämlich die Unfreiheit. Sie lässt dich nicht in Ruhe. Das kann nicht frei sein. Sie muss irgendwie mit Nichts zu tun haben und selbst das Wort „nichts" kann es nicht ausdrücken. Sie muss mit Leere zu tun haben, denn sonst wäre da schon wieder etwas, was man haben könnte. Aber selbst das Wort „Leere" trifft es nicht. Und doch nähern sich Leere und Nichts noch am ehesten der Freiheit an, weil sie auch das Gegenteil beinhalten: Alles. Alles schließt nämlich alles mit ein. Die Freiheit holt dich wieder nach Hause und lässt dich Mensch sein. Sie bringt die Welt mit ihrem Schmerz und ihrer Traurigkeit, mit ihren Gefühlen und allem, was so da ist, wieder nach Hause zu dir. Dann kehren wir zurück in das natürliche, einfache Leben und sind eine von vielen und alle zugleich und jenseits davon.

Und doch ist da etwas anderes: ein unbeschreibliches Mysterium. Im Gewöhnlichen, im natürlichen Leben, im einfachen Dasein ist der Zauber der Liebe. Sie lässt das Grau in allen Farben erstrahlen und sie ergießt sich in die Leere und füllt sie mit dem Glanz des Seins. Sie ist der Tanz des Lebens, der jeden Augenblick lebendig sein lässt. Sie lässt dich staunen und immer wieder aufs Neue staunen. Sie feiert das Leben, immer jetzt, immer hier, immer so, wie es ist. Sie lässt dich leer satt sein. Sie lässt dich durch die Augen Gottes blicken, die sehen, was ist – und sie wissen immer, es ist gut wie es ist.

Kein Geheimnis und nichts Verborgenes mehr

Von Kind an erlebte ich immer wieder Momente, die mir sehr heilig waren und die ich nur für mich erlebte. Sie standen in Verbindung mit bestimmten Gefühlen, Erinnerungen und besonderen Zuständen. Sie waren für mich eine Art Geheimnis und ich hütete sie wie einen Schatz, der nur mir zugänglich war. Wenn ich auch nicht jederzeit zu diesem Schatz Zugang hatte, wusste ich doch, dass es etwas ganz Besonderes für mich gibt.

Einige Zeit nach dem Erwachen wurde mir bewusst, dass es kein Geheimnis mehr gibt und auch keinen verborgenen Schatz. Das Geheimnis gab sich selbst preis und ich kann mich an keinen anderen Ort und in keinen besonderen Zustand mehr zurückziehen. Das Leben, jeder Augenblick, ist so offensichtlich und direkt, dass es nichts anderes mehr gibt. Ich kann mich nirgends mehr hinflüchten, in keine Meditation, in keine besondere Stille, keine Gedanken oder mystische Zustände. Es existiert keine Zeit und kein anderer Ort. Es ist unmöglich, nicht hier zu sein.

Der Traum wird als Traum gesehen und die Gedanken als Gedanken, eine Fata Morgana als optische Täuschung. Nichts bleibt mehr im Verborgenen und im Geheimen. Es gibt keinen Winkel mehr, in dem sich der Ich-Gedanke als etwas Reales aufhalten könnte. Kein Ziel, das es zu erreichen gäbe und jede Besonderheit löst sich in der Natürlichkeit des Einfachen auf.

Das Leben gab sein Geheimnis preis.
ES hat sich selbst enthüllt – ist vollkommen nackt.
Immer schon hier.
Willst du ES einfangen und verstehen bist du gefangen.
Zeit- und raumloses Sein

Wenn dich das freie Sein berührt hat,
ist der Stein geworfen.
Mögen sich die Wellen der Liebe und des lebendigen Seins
immer weiter ausdehnen.
